Dat lustige plattdüütsche Leesbook

33 Geschichten

UTSÖCHT UN RUTGEVEN
VON
JAKOB BALHORN

GLOGAU VERLAG

Umschlagentwurf von Andreas Brylka
Holzschnitte im Text von Otto Speckter aus dem
«Quickborn» von Klaus Groth

1.–7. Tausend 1977
8.–12. Tausend Oktober 1978

Gesamtherstellung Clausen & Bosse, Leck
ISBN 3-7672-0506-8
Printed in Germany

Vorwort an unsere Leser

Aus zahlreichen Büchern und bisher unveröffentlichten Manuskripten ist diese Auswahl niederdeutscher Erzählungen entstanden.

Um dem gewählten Buchtitel, »lustig«, gerecht zu werden und den geplanten Buchumfang einzuhalten, war der Herausgeber bei der Fülle des vorliegenden Schrifttums leider mancherlei Beschränkungen unterworfen. Dennoch hat er bei besonders kurzen Arbeiten manchen Autoren mehrfach berücksichtigt.

Entscheidende Kriterien dieser nun 33 Beiträge waren der sichtbar heitere oder der mehr hintergründig erkennbare Humor, vor allem aber die literarische Güte der Arbeiten! – Auch die so unterschiedlichen landschaftlichen Mundarten sollten dargestellt werden, ebenso wie die sprachliche Entwicklung der Autoren. Wir hoffen, daß uns dies alles gelungen ist!

Ein Werturteil für das in dieser Anthologie nicht berücksichtigte Schrifttum sollte diese Auswahl keinesfalls sein! Wir bedauern, so vieles Kostbare nicht haben aufnehmen zu können. – Oober wat dütmol nich weer, koomt villicht in'n tweeten Band!

Unser Dank gilt dem Wirken der Norddeutschen Presse, die unsere plattdeutsche Mundart wieder bekannt, ja gesellschaftsfähig gemacht hat! – Der Rundfunk lehrte uns durch seine morgendlichen Sendungen wieder das Zuhören und die niederdeutschen Bühnen wieder das Zuschauen!

Möge auch diese Sammlung lustiger plattdeutscher Vertellen von den Altmeistern bis zu den Zeitgenossen ebenfalls ihren Beitrag zur Förderung bester niederdeutscher Erzählkunst beisteuern!

J. B.

JEP NISSEN ANDERSEN

Telefoneern, – oha!

Telefoneern is en feine Saak, dat schall wahr sien, un de gude Philipp Reis, de dat vör goot hunnert Jahr towegbröch, de Minschenstimm dörch enen dünnen Draht to schicken, de würr sik sach hellschen wunnern, wenn he beleven kunn, wat dar vundaag ut maakt worrn is un wat dat Minschen gifft, de en dick Stang Geld utgevt, üm vun Rom oder Athen ut mit Bruut oder Speelfründ in Hollywood stünnenlang dörch dat Telefon to klönen!

Gifft aver ok Lüüd, de vör dat Telefoneern jüst densülwigen Bammel hebbt as vör den Tähnknieper un den Kuckuck-Klever. –

Mien oll Fründ, Jan-Hinnerk, is grad ok keen Fründ vun den lütten Röterkassen op sienen Schrievdisch, man – ahn den geiht dat je eenfach ni mehr vundaag. Körtens is he nu aver doch ganz böös mit dat oll Telefoneern to backen kamen, as he sülm vertellt hett:

Dschjä, Lüüd – do fier doch nülichst en lütt Deern in de Fomilje ehr Hochtiet. Wi harrn dat in de Dagen jüst so bannig hild, Trina un ik, un kemen eerst laat an'n Abend daran to denken, dat wi doch harrn grat'leern müßt. Schrieben nütz nix mehr, un so würrn wi uns enig, en Telegramm to schicken. Leider Gotts weer de Post ok al to, un so sä Trina: »Du kannst dat Telegramm je man dörch dat Telefon opgeven!«

Ik also an den Kassen ran, üm de »Telegramm-Annahme« faattokriegen. Nu hebbt wi je aver doch körtens eerst düssen »automatischen Selbstfernwähldienst« kregen mit son unbannig lange Reeg vun Talln: Vörwählnummer, Roopnummer un wat weet ik; direkt en Angstpartie is di dat! Na, man is je nu ni ut Dummsdörp, un so legg ik mi de Böker mit de Talln vör de Näs hen un fang an to dreihn, eerst de Vörwählnummer, denn en lierlütje Paus' – un jüst as ik wiederdreihn will, höör ik ut den Apparaat en fiene Fruensstimm: »Jaa? – Hallo! – Hier Hanne Harksen. – Wakeen is dar?« – »Oh, entschülligen Se man; denn heff ik falsch wählt!« anter ik gau un legg den Hörer op. – Son Schiet, jümmers wedder kriggt man den Finger in't falsch Lock rin! – Noch mal vun vörn: Vörwählnummer – lütje Paus' – un wedder melldt sik de Fruensstimm: »Hallo! – Hier Hanne Harksen ut Barlhusen!« – »Beste Fruu Harksen«, sä ik, »ik will *Se* doch gor ni; ik söök de ›Telegramm-Annahme‹ un ni Se!«

»Och ja«, klaag do de gude Fruu Harksen, »jümmers wedder klingelt dat bi mi, un wenn ik mi denn ut' Bett wrangelt heff – ik bün en ool Fruu vun neegentig Jahren, mööt Se weten! –, denn schall ik dat gor ni ween – to dull is di dat!«

»Deit mi je ledd, beste Fruu, ik wull Se wahrhaftig ni ut de Puuch jagen, aver dar mutt je enerwegens wat ni in Orrnung ween in den Draht; schull dat nu glieks wedder bi Ehr rötern, denn laten Se sik man ni stören; dat bün *ik* wedder!« Ik versöch dat also noch eenmal, aver dütmal ahn Paus', man, dat tuut blot in eensenweg, un melln dä sik keeneen.

Nu würr ik vergrällt un reep de »Utkunft« an. Dat Frollein dar bleev heel fründli, ok as ik böös losbullern dä un meen, wenn ik richtig wählt harr un dat liekers ni klappen wull, denn schull ik mi doch lever an de Störungssteed wennen. Dat dä ik denn ok – över en half Stünn weer al weg! –, un dar mell sik nu en Mannsstimm un fraag, wat in de Röög weer.

Ik futer je forts los, aver de gude Mann bleev darbi hell ruhig un anter, an sik klapp de Kraam mit dat Sülvstwählen recht goot, wenn de Lüüd richtig wählen dän, man, dar haper dat heel veel mit. »Wat en Wunner«, brumm ik, »bi düß lange Reeg vun Talln *mutt* man je mal verbiestern!«

»Dat is wull so. Aver blieven Se man an den App'raat; ik will vun hieren ut de Telegramm-Annahme anropen. – Ogenblick!«

Bald darna mell he sik wedder: »Dschjä, beste Herr, dat verstah ik würkli ni: Bi de Annahme is allens in Orrnung – Ehr App'raat funkschjoneert je ok – denn blifft na mien Menen nix anneres bi över: Se hebben en falsch Nummer wählt!«

»Nu holen Se aver de Luft an, Mann! Eenmal kann dat je angahn, dat geev ik to, aver doch ni dreemal na de Reeg, un – un ik heff dat Book hier vör mien Näs liggen!«

»So – Se hebben dat Book dar. – Hm, denn . . .«

»Dschjawoll«, ünnerbröök ik em, »dat lütt graue Book mit all de Talln!«

»Waat? – Wat sän Se dar?« fraag de Mann do. »Lütt grau Book? – Aver dat Book mit de Vörwählnummern is doch geel un ni grau; grau is dat Book mit de Postleittalln, beste Herr!«

Gau keek ik op den Ümslag, un denn fahr dat ut mi rut: »Mein Gott, wahrhaftig – ›Postleitzahlen‹!« – Ik höör an't anner Enn nu blot en depe Mannsstimm luuthals lachen, un denn sä se noch: »Un todem, mien Herr: För de Telegramm-Annahme bruukt se keen Vörwählnummer, dar nehmen Se eenfach Nummer 113 – ha, ha, haa!«

Dar stünn ik nu mit mien dumm Gesicht; harr jümmers de Postleittall 2240 wählt – de Telefonnummer vun Fru Harksen! An'n leefsten harr ik mi sülm in den Ogenblick dat verdreihte Book üm de Ohren haut!

Mien Telegramm bün ik denn doch noch losworrn, man – dat keem eerst anner Dag bi dat ›Junge Paar‹ an. – Gah mi af un gah mi los mit dat oll Telefoneern un de – Automatschjon!

JEP NISSEN ANDERSEN

Dat Trecker-Examen

Fiete Bumm, egentli heet he vun Huus ut »Friedrich Strunk«, aver de Naam weer em as lütt Brösel to hulperig ween, un as de Schoolmeister em den eersten Dag na sienen Namen fraag, harr he luuthals »Fie – Fiete Bumm!« bölkt, un dar weer dat denn ok bi bleven. Also uns' Fiete warrt to Ostern Middelknecht, kann natürli al lang den Trecker fahren, schall nu aver sien Examen maken, dat he ni blot op't Feld rümkutscheern kann un dörf.

Den Trecker kennt he vun buten un binnen, jüst so goot as sien Büxentasch, aver je neeger de Dag kömmt, dat he »vör de Götter« schall, je hiddeliger warrt he. Al in School hett he mit de aasige Theorie nix in'n Sinn un darüm mit den Schoolmeister jümmers wedder Moleschen hatt, un düß Herren vun de Fahrexamenskommischjon sünd sach jüst son Fraagpeters, de gradt *dat* höörn wöllt, wat he, Fiete, ni weet; son Schiet! Dag un Nacht is he mit dat oll Examen togang!

Nu ok wedder. – Vör em an enen langen Disch sitt dree Mann, de em anglupen do't, as wenn se dörch de Jack hendörch sehn wöllt, wat he ok en rein Hemd anhett. Vör allen Dingen de in de Mirr, de Baas vun de Kommischjon, stiert Fiete an, as wenn he em mit Huut un Haar överslucken much; – o gottegott! Nu ritt de sien Muulwark apen as son Schündoor un bölkt unsen Fiete an: »Zu welcher Kategorie von motorisierten Fahrzeugen gehört der Traktor?«

»Wat för'n Ding? Wat hett he dar mit – Katterie? – Kenn ik ni!« denkt Fiete, aver antern mutt he je un leggt darüm los: »Ein – ein Trakter is ein Trecker darüm, daß er den Pflug un die Wagens treckt!«

So heel tofreden schient de anner dar ni mit to sien, aver na enen Stoot fraagt he doch wieder: »In welche Hauptteile zerfällt der Traktor?«

»Zerfällt? – Zer-fällt? – Wat is dat denn nu?« dach Fiete un weer achter de Ohren togang. Am leefsten much he stillswiegen, aver Hannes-Meisterknecht harr em paarmal inprennt: »Wenn se di wat fragen do't, Fiete, un du weeßt dar ok gor nix mit antofangen – müßt liekers jümmer darop losbrabbeln; beter, wat, un wenn't dumm Tüüch is, as gor nix!« – Also brabbel uns' Fiete nu ok los: »Wenn der Trecker zerfällt, denn – denn mutt ik sehn, daß ik gau abhüppen tu, was ik nich unter die Rööd zu liegen kumm.«

»Unsinn!« bölk de in de Mirr, un ok de beiden an de Siet schüddköppen.

»Woso – Unsinn? – Büst – büst du al mal ünnern Trecker to liggen kamen?« – Dat sä Fiete natürli ni luut, dat dach he blot un keek de Kommischjon mit groot Kinnerogen troschüllig an. – De mit den langen Bleesticken, mit den he jümmer wat in en lütt Book rinkritteln dä, reet nu wedder sien Foderluuk apen: »Sie verstehen wohl kein Deutsch? Ich will wissen, aus welchen Hauptteilen der Traktor besteht!«

»Och soo!« dach Fiete, »dat harst je man glieks un in alle Örndlichkeit seggen kunnt.« – Un denn legg he luut los: »Der Trecker besteht aus'm Motor mit Kupplung un die Gänge für Vor- un Rückwärtskutschieren, ... aus die vier Rööd un's Steuer, ... vorn an sünd die Lantüchten, was man auch in'n Düstern pflügen kann, un – un achtern die Kattenogen, jä, un – un denn natürli die Brömsen.«

Wat harrn de Herren nu wedder to grienen? Harr dat villich ni sien Richtigkeit? – Müß je doch woll, denn de mit dat Poggenmuul legg wedder los un peek op Fiete mit den Bleesticken, as wenn he em to Kleed wull: »Worauf haben Sie unbedingt zu achten, bevor Sie mit Ihrem Traktor die Unterkunft verlassen?«

»Achten? – Ach-ten? – Un – ter – kunft?? – Minsch, wenn de Keerl doch blot vernünftig Düütsch snacken wull! – wat hett *dat* nu wedder op sik?« dach Fiete, sä dütmal aver rein gor nix.

»Herr – bester Mann, hören Sie mal genau zu: Was müssen Sie bedenken, ehe Sie morgens mit dem Trecker von der Hofstelle zur Arbeit fahren?«

»Kiek an, dat is je ganz annern Snack! Warüm ni glieks so?« dach Fiete. – »Dschjää, – denn muß ich erst mal nachsehen, was da auch genug Luft in is in die Rööd, was die Brömsen funkschjoneern un – un was die Düsens nich verstoppt sünd, un – un was ich auch warm genug angesogen bün, wenn's Wetter so is, un – dschjä, un was ich auch mein Frühstücksbrot in Tasche hab' un . . .«

»Frühstücksbrot, meine Herren, – Früh – stücks – brot«, sä de Baas to de beiden annern Herrn, »haben Sie gehört: Frühstücksbrot!« – Un denn fahr he wedder op Fiete los: »Und Brennstoff – um den Brennstoff kümmern Sie sich nicht?«

»Dat is doch klaar, du Dööskopp, ans kaam ik överhaupt ni vun de Hoffsted rünner!« – Leider Gotts *dach* Fiete düt ni blot, nee – dat sä he ganz luut! – De Baas in de Mirr weer di bald achteröver fulln, raak un handslaag mit sienen Schriever in de Luft rümmer, leep puterroot an un schree: »Meine Herren – meine Herren, haben Sie's gehört? – Dööskopp sagt der Prüfling zu mir, dem Prüfenden – Dööskopp!« – Un denn bölk he op Fiete in: »Durchgefallen! – Durchgefallen! – Durch – ge – fallen!!« – Un jedesmal steek he em mit den langen Bleesticken in de Boß rin, dat he luuthals stöhnen un wild üm sik haun dä. – –

»Minsch, Fiete, kumm to di! Büst je wull heel un deel verbiestert! Opstahn!« – Dat weer Hannes-Meisterknecht, de Fiete wecken wull. – »Jung, Klock is dree an'n hellen Nahmeddag, un du schüllerst hier noch in de Puuch rümmer. Nu man flink in de Been, schaßt vundaag noch enen Wessel op't Feld maken!«

Fiete kömmt in't Bett överenn un wisch sik de Ogen ut: »Wat – wat is los? Bün – bün ik – dörchfulln?«

»Dörchfulln? – Quatsch! Opstahn schaßt, hest nu lang noog fiert!«

»Fiert?« – Och soo, nu fallt em dat bi: He hett je hüüt vörmeddag al sien Trecker-Examen maakt un mit ›Goot‹ bestahn! Dar hett he natürli enen op utgeven müßt, un dat is ni bi eenen bleven! Uns' Fiete, de bet herto mit Köm un Beer nix in'n Sinn hatt harr – uns' Fiete is darbi sprüttenduhn worrn un hett mit Steveln un Sporen to Puuch müßt!

Mit'n Wuppdi is he nu aver rut, höllt den Kopp ünner de Pump, drinkt gau paar Tassen »Swatten«, jumpt na den Trecker ropp, de al paraat steiht, lett anspringen un jaagt – bautz! – gegen de Eck vun de Gaarnmuur an!

»Ho, ho, hoo!« lacht do Hannes. »Kannst vun Glück seggen, dat du vonmorrn dien Examen bestahn hest, Jung; nu weerst mit Glanz dörchrasselt – ho, ho, hoo!«

JAKOB BALHORN

Een Schipp ward döfft un mookt sien Probefohrt

Freuher, dat heet vör den letzten Krieg, harr eegentlich jeder Anlegger, de mit sien Grunstück an de »Alster« stött, sien Bootssteg un sien' Kohn. Dat heurte eenfach dortoo, denn du harrst jo ok mehr betohlen müß, bi'n keupen von'n Stück Alster!

Kunnst di ober ok överall an de beiden groten Alsterbecken, un besonners an de Oberalster een Boot utleihn for 'ne Lustfohrt mit dien Fründin. Brugst blots fief Mark Pand to hinterleggen un dien Meldeschien dortoloten! Denn kunnst all losschippern!

Dat wär een Leven un Drieven von Faltbooten, Kanadiers un Kanus, un op düsse Oort heff ik ok min Grunstück funnen, hier boben in Duvenstedt. Dat weern bannig slechte Tiden, so um negenteinhunnertdottig! Överall an de Alsterufers kunst de Schiller finnen: »Düt Grunstück is to verkeupen!« Aver keeneen harr dat neudige Lüttgeld!

Na, um op mien scheunes geklinkertes Boot trüchtokomen, as min Huus fardig wär, wär ok de neudige Bootsteg fardig, un fief Stufen mus's du runnergoon. Dat wer good, dat de leewe Gott dat Grunstück 'n beeten heuer leegt harr – soo kunnst bi Hoochwoter von jede Stuuf ut in't Boot rinstiegen!

Denn keem de Krieg, un no de Kapitolatschon negenteinhunnertfiefunveertig kreeg dat ole Timmermannsche »Hotel zur Schleuse« 'ne engelsche Inquartierung, un de harr ut Langeweile un weil se dat von to Huus so kennen deit, ok mol Lust, op de Alster to schippern. Dat güng 'ne Tid ganz good mit dat Utlehnen, un wi kreg manchmol 'n beeten Tee oder wat to eeten, bit eenes Doges de Truppe wegen »Mangel an Einsatz« un, weil se eenfach nix to doon harr, aftrekken mußt. Schood, weer de beste »Besatzungsarmee«, de wi jemols harrn! Wiit schlechter weer, dat uns Boot von den sülben Dag an weg weer! De heff't bestimmt nich in' Tornister mit no England nohmen! Dat hett sik dodsicher 'n Liebhaber as »Weddergootmachung« ünnern Nogel reten un umsprütt. Schood um den scheunen Kohn ut Mahagoniholt!

Un nu geef dat natürlich veele Johrn keen nees Fohrtüch, keen mit veer Rädern un ok keen för't Woder! Wer gifft schon for bedrucktes Papiergeld ohne Wert 'n Boot her! Keen bruktes un schon lang keen nees!

Dat güng so veele Johrn. Uns Kinner sünd während disse Tid groot worden un erwassen! Sei hefft beide heirot, jeder twee Kinner kregen, un düsse weern nu de eegentlich un alleen Schulligen, dat wie op de Idee kemen, 'n nees Boot to käupen! De goot karbolinierte Steg steit ümmer noch un täuft, dat he endlich mol wedder utnutzt ward! – Wi sülvens harrn ok schon Lust, mol wedder mit'n Paddeln to verseuken.

Wenn ik dorch Poppenbüttel no Huus fohr, nehm ik jümmer denn Schleichweeg gliek achter de nee »Bäckerbrück« ünnen an de Slüs lang. Door gifft dat jümmer noch den olen Bootsbauer un siene Bootslogerhüser. Ik, eenes obends em sehn un nix as rin! Dat sullt wohl so sien! Tatsächlich – as wie een beten in't Klönen keem un ik em vertell, dat wi vör dusend Johrn bi em een Mahagoniboot köfft harrn, kunn sik de Ool sogor noch an mien Hus erinnern. Hei harr as jungen Kerl dat Boot dormals sülvens bröcht. De Boss vertell mi, dat de nieen Boote nich mehr ut Holt, sonnern ut Kunststoff mookt ward, un wi wörrn uns gau eenig, dat he mi in 4 Weken een veersittiges rodes scheunes Fohrtüch moken wüll, mit Tobehör, twee Paddels, 'ne Flagg un so wieder.

In Freuhsommer käm denn ok pünktlich mit'n Laster dat nee Boot, un de ganze Familie weer ut de Tüt un begeistert, besonners de Enkelkinner. Nu keem ober de swore Entscheidung mit den Nomen! »Hamburg«, »Hammonia«, »Elbe«, »Alster« geev dat al'n dutzendmol, von de Hunderten von Mäkennomens, welke de Jungens to'n »Ewigen Andenken« an de ogenblickliche Fründin vörn an'n Bug molt hefft, ganz to swiegen! N'groten Schiet, dat du den Nomen nich wedder afkleien kannst, wenn de Fründin sik mol ännern deit!

Un um düsse Konflikte ut'n Weg to gohn, heff ik denn een'n ganz plietschen Vörslag mokt un 'ne Oort Aktiengesellschaft oder, wie man hüt secht, ne »Partenreederei« ut mokt! So heurt jedem von de Gören de veerde Deel, un jeder geev de erste Sülv von sien'n Vörnomen. De

Öllste: Lars, geev dat »LA«, Sibylle dat »SI«, Jan de Bokstoben »JA« und de lütt Kirsten ehr »KI«! So döfft wi denn Kohn also op den Nomen »LASIJAKI«, un all weren mit düsse elegante un vigeliensche Regelung tofreden. Weer jo ok allens korrekt. –

De Fier for de Göörn mit Coca-Cola un för uns Groten mit'n Buddel Schampus kunn ok bi »Blohm un Voss« nich beter sien! Ne kotte Rede mit »Alltied goode Fohrt un twee Foot Woder unnern Kiel« un'n Schuß Sekt an'n Bug güng klor. Mit veer Mann hoch schuv wi dat Schipp as son' Stopelloop in sien »nattes Element«. – Dat mit de »twee Foot Woder unnern Kiel« hett ober for de Alster keen Bedüdung! Du heurst noch, worüm!

Bit op'n lütten Twüschenfall ging ok dat klor, blots de Lars, de von Land ut dat Sisaltau fasthollen süll, kunn denn Kohn bi dat hoge Woter un de dulle Strömung nich hooln un sus dörch dat Schilf – dat, wie de greune Seep op de Warft, den glieken Zweck hett – rin in de Alster! – Kannst di de Opregung von sien Modder un von de Oma vorstellen?! Vor Schreck leet he nu natürlich den Tampen loos, un »LASIJAKI« haut aff, bevor wi dat so recht begriepen deen.

Klor, de Jung wär dat Wichtigste – also rut mit em un erst mol dreuges Tüüch övertrecken, dat sien Modder ut Vorsicht mitbrocht harr. Dat Boot weer bald achter de erste Krümmung verswun'n, un achterherlopen kunn wie ok nich wegen den veelen Tuns bi jeden Grunstück! De beste grote Chance, den Utrieter wedder intoholen, weer an de erste Brüch an'n Alsterwanderweg. Dor kannst ober nich mit'n Auto fohrn! Allens grooten Schiet! Mien Swegersöhn also in Swiensgalopp bargop to'n Hus, ut de Garasch gau mien Rad holt, un nix as aff to de Rettungsaktschion! Mann, wat'n Glück, ne half Stünn später käm he völlig an'n Boden zerstört in Sicht! Mit'n groten Knüppel stökert he sick immer an'n Ufer lang un vörsichtig, dat he sich nich dreiht in de Strömung, to uns hen. De beiden neen Paddels legen nämlich klogerwies noch nich in'n Boot, as dat grote Malör passeren deh. Mann, so goot hett uns 'n Kööm lange nich smeckt! –

Un nu? Wat doon? Wi harrn doch vörher de Göörn erlaubt, ne kotte »Probefohrt« mit dat nee Schipp to moken! De Öllste weer bald wedder dreug, un de dre annern kunnen de Tid gor nich afteuben, bit de Fohrt losgohn kunn!

Ober wo bleev unsre Verantwortung? Gleuv mi, dat weer een swor'n Entschluß! In'n Familienrat Afstimmung: dree to dree! Ober de Mannslüd geeven den Utslag! De Pries, för de Konzeschon von de Fronslüd: Wie Mannslüd geven dat Versprechen af, jeder mit'n Wogen op beide Sieden, links un rechts jümmer an de Alster lang, dat Boot in'n Oog to behollen!

Wi harrn uns man lever jeder 'n Fohrrad as de Autos nehmen sollen, denn mit dat Kieken no de Göörn wär gor nich so licht! Keen Weg un keene Stichstroot güng von de Hauptstroot no de Alster rünner! Toletzt sehn wi de Bagage, as se an de Wohldorper Slüs över de siet Johrn fastrostet Isenrollen dat Boot över den Stau weg op de ander Siet ropbörden deen. Mann, dat wär nich mit antokieken! Endlich kemen twei greutere Jungens un foten den ganz scheun'n sworen Kohn mit an, un nu kunnt wiedergohn!

För uns Oppasser wär nu Slut, denn nu kem von de eene Siet de »Ammersbek« un op de anner Siet de grooten Wischen und all de lütt Wochenendhüser. Wär 'n groten Schiet, denn langsom ward dat duster, un von dat Jungvolk nix to sehn! De köhnt doch nich schon Picknick mookt hebben, denn se harrn sik dat vörnomen un Eeten un Drinken inpackt.

Un richtig, as wi unsre Wogen endlich bit ant Woder föhrn kunn, sehn wi 'n ganz scheunes Stück weg, an de ander Alstersiet, op ne grote Wisch, de veer Göörn, – ober in wat förn Tostand! Schietig von de Feut bit an'n Lief. Un denn harrst mol dat scheune nee Boot sehn sulln – statt root swatt as'n Sotje! Dat wer'n Jammer, – nich bloß antokieken, nee – ok antoheurn, denn de Kinner plärrten bannig.

Ünnen, an de Wohldorper Slüs, harr de Slüsenwärter nämlich wegen den hogen Woterstand denn Stau afloten, un nu weer boben Ebbe! Twüschen de Kant von de Wisch un dat Boot weer nix as swatten Mutt, un dörch düssen Schiet harrn se dorchmöt! Un boben, as se grod op de wulln Deek eten un drinken wulln, keem wedder 'n nees Verhängnis! De Keuh, scheune swattbunte Holsteiner Keuh, de eerst wiet weg wern, neegierig as Keuh nu mol sünd, kemen langsom neger un zingeln de Göörn so richtig in, bevor de veer de Gefahr oberhaupt begrepen deen.

Vör allem de beiden Deerns, ober ok de Jungs harrn de Büx teemlich vull, denn dat Veeh kreg wohl langsom Appetit op dat Butterbroot un de Bruus. Wat'n Glück, dat de Redders in'n genau richtigen Ogenblick indrepen deen! – Wat nu so gau moken, denn wi wern jo doch op de anner Alstersiet!?

Peter, de Vadder von de beiden Jungens, nix as Schoh un Strümp ut, de Büx ok, un denn man rin in'n Bach oder, beter, in'n Schlamm! Wär ok heuchste Tied, denn bi de Keuh weern sicher ok Starken, denn se weern bannig frech un angreepsch! Un nu, no de Reeg un, wie immer bi de Seefohrt »Froonslüüd un Kinners first«, eerst Kirsten un Sibylle in't Boot un denn de beiden Jungs, so dreckig ehr Tostand ok weer!

Toletzt käm de Wulldeek, de se natürlich mit de eene Siet so richtig vull in'n scheunen greunen Placken Kohschiet rinpackt harrn, dat reinste Parföng! Door kannst seker sien, ik harr keen beten von dat scheune Eeten runnerkregen – denn lever hungrig to Bett!

Dütmol ober wern wi kleuger! De jung Vadder as Stüürmann, un denn nix as op'n schnellsten Weg no Huus in den rettenden Hoben! Von'n Wieden seht wi all so'n langen Kerl, mien Söhn, as'n Leuchtturmwärter, mit siene Taschenlamp an'n Gitter von de Duvenstedter Slüs stohn un winken! Weer ok schon ganz scheun dunkel, un he teuft door al ne gode Stünn un wuss natürlich nich, wo uns seuken! Keen Wunner, he un de ganze Festversammlung teuben nu all fast twee Stünnen un weern all tosomen ganz scheun gnadderig un in Fohrt!

De Goorden un de Hoben weern in'n reinste Festbeleuchtung, un de eerst, de uns hör'n deh, weer uns Hund »Pitt«. Villicht weer dat ok de Kohschiet, de for Hunnen 'ne bannige Anziehung hett! – Wi weern wenigstens heil wedder trüch, blots ankieken dröffst uns nich – ne, dat weer överhaupt keen Anblick, dat weer 'n »Tostand«, un wat for een! Un doch – egentlich weer dat 'n reinen Tofall, dat wie grod an düsse Stell von'n Alsterloop uns Fohrnslüd funnen hefft. Dat harr allens veel beuser warden kunn. Weer dicht bi'n sülvern Lepel!

Ober hes all mol'n Stapellop un 'ne Probefohrt sehn, bi de allns ganz klorleep? Ik kenn'n Kaptein, de kann di 'n Leed dorvon singen!

So, dat weer de kotte Geschicht von »LASIJAKI«. Dat meist stimmt, un so'n beten is tolögt! Seuk di ut, wat du gläuben wullt! Un wenn du mol irgendwo op de Alster 'n Paddel swömmen süst, – dat is mien! Dat fehlt mi ok siet düsse Probefohrt. Steit »LASIJAKI« op,

Finnerlohn kannst bi mi afholen!

Schood, wi harrn uns all tosomen op'n richtig scheunen Obend mit'n Festeeten freit, ober uns Gäste güngen! Nich mol 'n Waffenstillstand heff wi afsluuten.

Min Fro un ik harrn dree Doog dormit to doon, den gröttsten Deel von dat Verderbliche mit'n helprieken Nobersfro optoeeten. Dat, wat sik noch länger hollen deit, besonners ober dat »Hochprozentige« in Form von Buddels, dat geev wi as Stiftung de »Gesellschaft zur Rettung Schiffbrüchiger«. Wi weet nu, wi licht man de mol bruken kann! De Partenreederei löpt nu siet ne utsöhnende Generolversammlung op volle Tuurn.

Hest mol Lust, dütmol natürlich bi Floot, mittopaddeln? Wi sünd ok gegen Unfall un Haftpflicht versichert – mit'n Sonnerprämie gegen Keuhschoden.

HERMANN BOSSDORF

Bismarck up den Bummel

Hein Mügg un Korl Voß keemen so hen na Middernacht van St. Pauli un hadden den Kors doch 't Millerndoor aewer'n Tüghuusmarkt na'n grönen Soot to nahmen. Awer kort vör den Tüghuusmarkt kreeg Hein Mügg in sien dakigen Daetz miteens en Infall un bög af na't Bismarckdenkmal rup. Korl Voß, de noch faster up de Been stund, weer mit düsse Korsänderung eegentlich nich inverstahn; wiel he aver sien dunen Fründ nich in Stich laten wull, trock he mit.

In'n hellen Vullmaanschien stund de grote Hamborger Roland dor un keek aewer St. Pauli un Altona weg na England to.

Hein Mügg stell sik sparrbeenig bawen vör den Riesen hen un fung an to sabbeln: »Kiek em an! Hest all mal so 'n lütten Schutzmann sehn, Korl Voß? Wat? Wat steihst dor bawen, du langes Rick? Kumm mal daal, wenn en Keerl büst! Wat? Kannst mal een an't Muul kriegen, versteihst mi?! Grootsnuut!«

Korl Voß trock em an'n Arm: »Nu kumm man, Hein! Fang man nich mit Bismarck an. De Klock is gliek twolf. Sünst kummt he daal un pedd't di up'n Kopp. Un denn büst en Pannkoken. Odder he fleit na'n Schutzmann, un denn kummst na de Hüttenwach.«

»Wat? De mi anfaten?« draehn Hein Mügg wieder. »De mi pedden? Junge, Junge, Junge, dat mugg ik mal sehn! Töw! Twolf, seggst? Twolf? Schön! Nu sett ik mi hier so lang up de Bänk un töw, bet dat twolf sleit. So! Denn laat em man kamen!«

Hein Mügg seet all. Korl Voß kunn em nich wedder hoogkriegen. Up't End würd he gnadderig un leet em sitten un gung na Huus'.

Hein Mügg babbel un sabbel jümmer wisse weg up den groten Bismarck in. Miteens slög dat twolf, dumpe, starke Släg van den Michaelistoorn. Un as de Klock den lesten Slag daan hadd, keem en deepe Baßstimm bawen van dat Denkmal rünner:

»So, Hein Mügg, nu hebb ik lang' nog dien Gedraehn mit anhört; nu kaam ik!«

Hein Mügg bleew vör Schreck de Mund wied apen stahn. He kunn keen Arm, keen Been rögen. Sien ganze Grootsnuutigkeit weer em in'n Stintfang fullen.

Un de grote Bismarck steeg wohrhaftig van sien Postament hendaal un keem na em ran an de Bänk, up de he seet.

»Na, Hein Mügg«, dunner he em in de Ohren und stuuk dat grote Swärt vör em in den Bodden, datt dat man so bewer, »na, Hein Mügg? Wor hest denn nu miteens dien Kraasch laten? Wat? Is di all' dien Spraakwater in de Elw lopen? Nu kumm man to di, mien Jung! Doodpedden will ik di nich, üm dien brave Fru keen Kummer to maaken. De hollt van di ol Suupswien jo jümmer noch mehr, as du verdeent hest. Awer nu kumm endlich in de Been! Du weeßt jo good in Hamborg bi Nacht Bescheed. Ik will hüt Nacht mal up'n Bummel gahn un eenige van mien Denkmalskollegen afholen. Dorbi sallst du mien Stüermann sien.«

He kreeg Hein Mügg bi'n Flunk un stell em up de Been. Miteens stund en Schutzmann bi de beiden.

»Aber Durchlaucht«, säd de to Bismarck, »ich muß Durchlaucht doch sehr bitten, wieder auf Eurer Durchlaucht höchsteigenen Platz zu gehen, da das der einzige Standpunkt ist, den Durchlaucht –«

»Ach wat!« sneed em Bismarck kort dat Word af, »hollt Muul, un pedd di man nich in'n Tüffel! Ik will hüt Nacht ok mal en beten up de Glitsch! Johrenlang mutt ik de Bummeli hier up dat glitschige St. Pauli mit ankieken un kann nich mitmaaken! Dammi! Dat kann keen Minsch up de Duer uthollen!«

»Aber Durchlaucht«, säd de Schutzmann, »was sollen die Leute sagen, wenn Euer Durchlaucht höchsteigener Standpunkt so lange leer steht!«

»Wat de Lüd seggt, mien Saehn«, säd Bismarck, »dor lach ik aewer! Awer ik will di wat seggen: wenn mien Standpunkt besett sien mutt, denn stell du di dor so lang rupp! Hörst! Achtung! Stillgestanden! Rechts um! Marsch! Rupp na bawen!«

Een, twee, dree hadd de grote Bismarck den lütten Schutzmann bawen up dat leddige Postament settd.

»So, mien Jung«, säd he, »nu paß good up! Awer krieg mi keen Grötenwahn!«

Un denn trock he mit Hein Mügg af aewern Holstenwall, Holstenplatz, Valentinskamp na'n Goosmarkt.

Up'n Goosmarkt seet de Magister Lessing up sien Stohl un grien ganz fien in sik rin.

»Hallo, Herr Magister!« röp Bismarck em an, »dat glöw ik, dat magst woll! Jümmers up'n Stohl sitten un grienen! Dat is hier mien Stüermann Hein Mügg van'n grönen Soot, de sall uns hüt Nacht mal in Hamburg rümföhren. Kumm man ok mit, Herr Magister, van dat ewige Gesitt maeten dien Been jo ganz stiew warden. Kumm, van hier gaht wi mal na dien Profeschoonskolleg Schiller!«

Lessing kladder rünner, as miteens wedder en Schutzmann bi jem stund.

»Aber meine Herren«, füng de an, »das ist Erregung öffentlichen Ärgernisses, wenn Sie Ihre öffentlichen Standpunkte in dieser Weise verlassen, das kann unmöglich angehen!«

Een Griff van Bismarck sien groote Fuust, un de lütte Schutzmann seet up Lessing sien Stohl.

»Achtung! Stillgesessen! Maul gehalten!« kummandeer he mit sien Barenstimm, datt all' de Finsterschiwen up'n Goosmarkt an to klaetern fungen.

»Zu Befehl, Durchlaucht!« säd de Schutzmann un bleew ruhig sitten.

»So!« säd Bismarck un haak Lessing van de een Sied un Hein Mügg van de anner in. »Nu laat uns mal aewern Jungfernstieg gahn!«

Un richtig! Nu gung dat den Jungfernstieg langs, aewer'n Alsterdamm na't Schillerdenkmal.

»Ach du mei Herrgöttle!« schreeg Schiller un slög de Handen aewer'n Kopp tosam, as he de Dree bi sik ankamen seeg. »Was muß i sehen? Der Herr Magister Lessing bemühe sich höchscht eigebeinig zu mir? Und in welcher Gesellschaft?«

»Jä, Herr Professer«, säd Bismarck, »dat is en bannig gemischte; awer in de Nood rookt de Düwel sien Grootmoder ehr Filztüffeln! Dütt hier is Hein Mügg, dat Suupswien van'n grönen Soot! Sünst döcht he nich veel; awer he is mit Elwwater döfft un weet in Hamborg good

Bescheed. Nu kumm man ok daal van dien hogen Standpunkt un wees' ok mal Minsch!«

»Ach du mei Herrgöttle«, säd Schiller, »wie soll i denn von mei Poschtamentle runterkomme, Durchlaucht?«

Bismarck kreeg em eenfach bi de langen Been un haal em daal.

»So, Kinners«, säd he denn, »nu sünd wi all veer Mann hoog, nu kaent wi all Grootmacht spelen! Weet ji wat? Nu maakt wi Kaiser Wilhelm up'n Rathuusmarkt en Besök; villicht ritt de mit uns, denn so kaent wi noch grootsnuutiger uptreden.«

Nu gung dat wedder an de Alster langs na'n Rathuusmarkt. Bismarck trock dat Swärt un saluteer vör Kaiser Wilhelm.

»Majestät«, säd he, »wir sind zwar eine gemischte Gesellschaft – Denker, Dichter, Staatsmann un Suupswien, aber –«

»Mein lieber Bismarck«, säd Kaiser Wilhelm, »welche Einfälle kommen Ihnen!«

»Majestät«, säd Bismarck, »ried Se doch eenfach mit, dat giwt en groot Spijök!«

»Ach, mein lieber Bismarck«, säd de ol Kaiser, »die Kerls haben ja meinem Gaul keinen ordentlichen Steert gegeben! Ich kann doch unmöglich mit einem Roß ausreiten, das einen hohlen Steert hat.«

»Nein, unmöglich«, säd Lessing, »mit einem hohlen Kopf ginge es eher.«

»Jä«, säd Bismarck, »ik glöw, Majestät, to Foot kaent Se ok slecht mit uns gahn, wat?«

»I, wie könnte ich wohl, mein lieber Bismarck!« säd ol Kaiser Wilhelm. »Wenn man mich mit Hein Mügg vom grünen Soot sehen täte! Was würde das für 'n Klatsch abgeben! Ich bitte Sie! Aber wenn Sie partout eine Regierungsperson mithaben wollen, gehen Sie doch mal bei Magnifizenz Herrn Bürgermeister Petersen am Neuen Wall vor!«

»Dat's ok wohr!« säd Bismarck. »Na, denn nix für ungut, Majestät!«

Un he trock mit Schiller, Lessing un Hein Mügg aewer'n Nigen Wall nah Börgermeester Petersen sien Denkmal.

De maak keen slecht Gesicht.

»Mein Gott, Beckmann! hadd ik binah seggt!« röp he, as de veer bi em ankeemen. »Dorchlaucht, wat kriegt wi nu?«

»Magnifizenz«, säd Bismarck, »wi wölt hüt Nacht en beten up de Glitsch gahn, un dor hebb ik dacht, dat wör för uns' Sekerheit beter, wenn wi en Regierungsperson bi uns hebbt. De Ol, ik meen Majestät, up'n Rathuusmarkt kann wegen sien Pärd nich mit, he is bang, dat geiht em dorch, wegen den hollen Steert. Un do hebb ik dacht, Se künnen up't End mal mit langsgahn. Odder is bi Se ok wat holl?«

»En holle Kus' hebb ik mitkregen«, säd ol Petersen mit en Grientje.

»Na, denn man to!« röp Bismarck. »Denn is jo nix in'n Wegen!«

Ol Petersen also daal van sien Postament un schüddel jeden de Hand, ok Hein Mügg. Da säd he: »Un denn kaamt Se man mit, miene Herrn! Ik as Börgermeester van Hamborg will Se nun mal in dat richtige Lokal bringen!«

»Dat's man good!« säd Bismarck. »Ik bün nu bilütten ok all bannig dörstig worden! Vellicht weten Se, 'nem dat hier in de Nägde en gooden Grog giwt, Magnifizenz!«

Ol Petersen grien un trock mit jem af direkt rin in de Stadthuuswach. Herrgott! Wat geew dat dor en Uptogg! Allens kneep ut. Ut Finstern un Daeren jumpen de Schutzlüd, as se den grooten Bismarck to sehn kregen. Bet up en Wachtmeister. De bleew sitten. Wat dat nu vör Schreck odder Mood weer, dat kunn man nich seggen.

»Magnifizenz«, bölk Bismarck, »dat is Verrat!«

»Durchlaucht«, säd ol Petersen, »im Interesse der öffentlichen Ordnung und Sicherheit erkläre ich Sie alle für verhaftet!«

»Sühst woll, Schütt«, dach Hein Mügg, »nu kummst morgen fröh in'n grönen August na de Hüttenwach.«

Schiller und Lessing ameseeren sik un settden sik ruhig daal.

Bismarck awer will sik nich gewen. He trock blank un dösch mit dat groote Swärt up den Disch, an den de Wachtmeister seet, datt Papieren un Black un Feddern un Holt un allens in de Högt flög un de lütte Wachtmeister koppheister in den grooten Papierkorw rinfull. Dor bleew he in sitten un keek banghaftig ruut as Muus' ut de Heed.

»Awer, Dorchlaucht«, säd ol Petersen, »ik mutt doch bidden, sik hier en beten anständig to benehmen! Wat sall Hein Mügg dorvan denken!«

»Is mi allens puttegal!« dunner Bismarck. »Ik wull en Grog hebben, un nun bün ik verschüttgahn! Un wenn Se mi nich gliks ruutlaat, denn dösch ik allens kort un kleen!«

Rummsch! flögen en poor Stöhl to Gruus un Muus.

»Lat em ruut! lat em ruut!« kreiht de Wachtmeister ut den Papierkorw. Schiller un Lessing höllen sik den Buk vör Lachen. Un Börgermeester Petersen quetsch sik in een Eck un säd: »Dorchlaucht, Se sünd entlaten!«

»Kumm, Hein Mügg«, säd Bismarck un trock mit em af. Buten awer bleew he miteens stahn un lüster na den Micheltoorn raewer. »Minsch«, säd he ganz benaut, »dat sleit een! Nu is mien Tied rum! Nu man gau, datt wi wedder na mien olen Standpunkt kaamt!«

»Och, Durchlaucht«, säd nu Hein Mügg, »nu hebbt wi nich natt, nich drög kregen.«

»En annermal«, säd Bismarck, wieldeß he mit em aewer Olen Steenweg, Grootneemark un Nigen Steenweg langssuus', »annermal sünd wi klöker, mein Süßen! De Ol up'n Rathuusmarkt mit sien dwatsch Pärd un de veniensche Börgermeester saelt mi nich wedder uphollen un ansmären! Süh so! Kiek, dor steiht mien lütten Schutzmann noch bawen up mien Standpunkt un bärt rein, as wör he Bismarck de Lütte. Na, na, na, paß up, dat giwt en Theater!«

Dormit weeren se wedder vör dat Bismarckdenkmal ankamen.

»So, Herr Schutzmann«, säd Bismarck na bawen rup, wornewen sien Steedverträder stolt un stuur in'n Maanschien stund un sik up sien Schutzmannswärt stütten däd, »so, nu saelt Se ok veelmals bedankt sien, datt Se mien Standpunkt so lang gegen Kattulen un Fleddermüs' wohrt hebbt! Nu kaamt S' man wedder daal. Nu stieg ik wedder rup. Mien Tied is aflopen.«

»Was fällt Ihnen ein?« knarr de Schutzmann van bawen daal. »Sie sind wohl dun? Was bilden Sie sich ein? Ich bin Bismarck und nicht Sie! Verstehen Sie? Machen Sie, daß Sie wegkommen, sonst lasse ich Sie wegen Größenwahns verschütten!«

»Dor hebbt wi den Salat!« röp Bismarck un höll sik den Buk vör Lachen. »Nu hett de lütte Schutzmann den Grötenwahn kregen, bloot datt he een Stunn mien Standpunkt innamen hett! O Gott! Hein Mügg, wat maakt wi nu mit den mallen Bengel?«

»Hau em een an't Muul«, meen Hein Mügg, »denn kummt he wedder to sik, Dorchlaucht.«

»Du künnst recht hebben«, säd Bismarck, kreeg den Schutzmann bi de Been, schüddel em en beten un stell em up de Är. »So, mien Jung«, säd he, »weeßt nu, wat de Klock slagen hett?«

»Zu Befehl, Durchlaucht, eins!« säd de lütte Schutzmann un stund stramm.

»Rührt euch!« kummandeer Bismarck un steeg rup na sien Postament. Van bawen säd he noch: »Nu gröt dien Grootmoder, Hein Mügg!« Do würd dat still.

Hein Mügg awer seet up de Bänk un wull sik doodlachen aewer den Schutzmann.

»O Minsch«, lach he luudhals ruut, »wo kann't angahn, datt en lütten Schutzmann sik so veel inbillen kann!«

De Schutzmann faat em wütig bi'n Arm un snautz em an: »Was haben Sie hier rumzusitzen! Machen Sie, daß Sie nach Hause kommen! Hier wird nicht geschlafen!«

»Wat? Slapen?« frög Hein Mügg. »Hebb ik denn slapen?«

»Gewiß haben Sie geschlafen«, säd de Schutzmann, »machen Sie, daß Sie weiterkommen!«

»Och Se«, säd Hein Mügg, »wat Se sik inred't! Eerst wölt Se nich wedder van Bismarck sien Postament daal un reed't sik in, Se sünd Bismarck, un nu wölt Se mi vertellen, ik hebb hier slapen, un ik bün sit Klock twolf mit Bismarck up'n Bummel west!«

»Kerl«, röp de Schutzmann, »was wollen Sie mir da erzählen? Marsch, auf die Hüttenwache, da können Sie sich vernüchtern!«

Un he trock mit Hein Mügg af na de Hüttenwach.

PETER ERNST EIFFE

Instruktionsstunde aus alter Zeit

Auch in diesem Büchlein darf die Feststellung nicht fehlen, daß die Marine ihre erste militärische Schulung einem Fünfundachtziger verdankt, nämlich dem General Albrecht v. Stosch, welcher im Jahre 1872 von der Armee zur Marine übertrat. Die große Armee betrachtete damals noch solchen Übertritt zur Marine sozusagen milde verzeihend, denn eigentliche Soldaten waren unsere Seeleute noch nicht, und demzufolge sah man auch in den Offizieren mehr den Seemann als den Soldaten.

Aus jener Zeit stammt die Geschichte von der Instruktion, die der Segelmachersmaat Hein Lammers Seiner Exzellenz dem Herrn Admiral v. Stosch vorführte.

Hein Lammers beginnt seine Instruktion in hochdeutscher Sprache aus Respekt vor Seiner Exzellenz, dem Herrn Kommandierenden Admiral. Bald fällt er aber wieder in sein gemütliches Platt zurück. Damals sprach man in der Marine fast nur Platt.

Hein Lammers darf ein Thema wählen.

Er wählt: »Die Kaiserliche Werft!«

»'stann! Die Kiserliche Werft; Rrt euchch! Wo werden Seiner Majestät Schiffe gebaut, repariert und instand gehalten?«

»Auf die Kiserliche Warf.«

»Wat möt de Seelüd dauhn, wenn se up die Kiserliche Warf koamt?«

»Se möt sik vörsehn.«

»Wer möt sik toers vörsehn?«

»Wi Seilmoakers.«

»Womit möt sik de Seilmoakers vörsehn?«

»Mit den wulln Deeken.«

»Wodenni möt se sik vörsehn?«

»Ganz bannig.«

»Wat ward se sunst?«
»Ansmeert.«
»Wat giv't dorför?«
»Knast.«
»'stann! – Thema durch!«
Exzellenz v. Stosch wünschte nunmehr ein militärisches Thema.
»Instruieren Sie jetzt mal über das Gewehr Modell 71.«
»'stann! Das Gewehr Modell 71! Rrt euchch! Mit welchem Gewehr ist die Marine ausgerüstet?«
»Mit das Gewehr Modell 71.«
»Woher bekommt ihr das Gewehr Modell 71?«
»Aus das Magazin.«
»Wo liegt das Magazin?«
»Auf die Kiserliche Warf.«
»Wat möt de Seelühd dauhn, wenn se up de Kiserliche Warf koamt?«
»Se möt sik vörsehn.«
»Wer möt sik toers vörsehn?«
»Wi Seilmoakers.«
»Womit möt sik de Seilmoakers vörsehn?«
»Mit de wulln Deeken.«
»Wodenni möt se sik vörsehn?«
»Ganz bannig.«
»Wat ward se sunst?«
»Ansmeert.«
»Wat giv't dorför?«
»Knast.«
»'stann! – Thema durch!«
Exzellenz v. Stosch:
»Sehr gut, Maat Lammers. Nun nehmen Sie mal ›Unser Herrscherhaus‹!«
Hein Lammers:
»'stann! Rrt euchch!«
»Wer steht an der Spitze des Deutschen Reiches?«
»Unser Kaiser und König Wilhelm I.«
»Aus welchem Hause ist Seine Majestät unser Kaiser?«
»Aus das Haus Hohenzollern.«

»Was heißt noch Hohenzollern?«

»Die Kiserliche Jacht.«

»Wo liegt die ›Hohenzollern‹ im Sommer?«

»Up'm Strom.«

»Wo liegt dieselbe im Winter?«

»In die Kiserliche Warf.«

»Wat möt de Seelühd dauhn, wenn se up de Kiserliche Warf koamt?«

»Se möt sik vörsehn.«

»Wer möt sik toers vörsehn?«

»Wi Seilmoakers.«

»Womit möt sik de Seilmoakers vörsehn?«

»Mit de wulln Deeken.«

»Wodenni möt se sik vörsehn?«

»Ganz bannig.«

»Wat ward se sunst?«

»Ansmeert.«

»Wat giv't dorför?«

»Knast.«

»'stann! – Thema durch!«

Exzellenz v. Stosch war sprachlos und machte einen letzten Versuch: »Nun kommen Sie gefälligst nicht immer vom Thema ab, Herr Unteroffizier, instruieren Sie jetzt mal über das Thema ›Ehrenbezeigungen‹?«

»'stann!«

»Was für Ehrenbezeigungen kennen Sie?«

»Frontmachen. Anlegen von rechte Hand an Kopfbedeckung und Vorbeigehen in militärischer Haltung.«

»Wo goht ji in militärische Haltung vorbi?«

»In enge Passagens und bedeckte Räume.«

»Wo noch?«

»In de Kiserliche Warf.«

Exzellenz gaben es auf!

FRITZ FISCHER

Suur Supp

Matten Sumfleet, de in Olland op'n Bargfreid woont hett, güng mol langs den Diek no Steenkark. He schull Pacht betolen, over he harr keen een Doler op'n Dutt kregen. De Tiden weern to slecht. Do keem em en ool Mann in die Mööt, mit'n groten, witten Boort un twee lüchten Ogen. Seegt ut, as weern dat twee Steerns. Do see Matten to den olen Mann: »Dag ok, keen, beten wat fromm is, kunn jo för den leven Herrgott hollen.« Do anter de ool Mann: »Dat's mol fein, Matten, dat du mi kennst. De Paster güng mi even as en frömden Keerl vörbi.« Do bleev Matten meist de Sprook weg, un he reep: »Ji sünd de leve Herrgott? Jo heff ik mi anners vörstellt! Denk, ji sitt över de Wulken op'n hogen Stool, mit'n dick Book op'n Schoot.« Do grien de ool Mann un see: »Mien gode Matten, wo schull de Welt woll utseen, seet ik blots op'n hogen Stool. Nee, mol seil ik as en witt Wulk an'n Heven, mol blö ik as en lütt Bloom op de Wisch, mol fleeg ik as en lütt Vogel dörch de Goorns. Un hüüt go ik as ool Mann dörch Olland. Will mi de Fööt en beten verpetten, un dat schall bi jo jo allns so fein op'n Droot wesen.«

Do vertell Matten den olen Mann, dat he in Steenkark Pacht betolen schull, man keen Doler in de Tasch harr. Do anter de ool Mann: »Mit Geld kann ik di nich helpen, un mi dücht, dat de Pacht nich dien gröttst Sorg is. Segg mi, wat du di geern to Lief sleist, denn kann ik wull wat för di doon.« »Je«, anter Matten, »mi smeckt wull allns, wenn't man op'n goot Stück Fleesch kookt is, man op leevst eet ik wull Suur Supp.« »Sü«, see de ool Mann, »Suur Supp.« »Jo«, anter Matten, »mit'n Schinkenknoken un en goot Enn rökert Fleesch un Appeln un Beern un söte Plummen un ok Rosinen.« »Sü«, see de ool Mann, »ok Rosinen.« »Jo«, see Matten, »un witte un gele Wörteln un Köll un feine, witte Meelklüten.« Do see de ool Mann: »Dat much ik ök wull mögen, Matten, nu hôör nipp to. Hang ovends den gröttsten Gropen, den ji int Huus hebbt, an'n Ketelhoken. Frömorgens schall he ümmer bet boven to vull Suur Supp wesen.« »Sü«, see do Matten, »dat weer wull en gode Hölp, un dat schall ümmer bliven?« »Jo«, anter de ool Mann, »Dag för Dag, blots een Deel muß di goot marken. Kiekst du nachts in den Gropen, blifft he annern Dag över leddig. Un dütt mußt du di ok goot marken: Keen, vör dien Döör steit un üm'n Töller Supp bitt, muß du welk geven. Un wenn't dien letzt Töller vull is. Ans blifft de Gropen för ümmer leddig.« »Dat will ik wull daan«, anter Matten, »un schast ok duchtig bedankt wesen.« De ool Mann over see: »Do nich för!« un güng wider. As Matten al en poor Schreed wider weer, drei he sik noch mol üm un reep: »Wenn't woor ward, go ik wedder to Kark.« De ool Mann reep torüch: »Kannst geern to Huus dien Postill lesen. Is beter, as wenn du in de Kark inslöppst.«

As Matten von Steenkark wedder inkeem, vertell he sien Fro, keen he dropen harr. Da schimp de un reep: »Ik schachmarach mi mit den Schoopsmeß af, un du steist op'n Diek rüm un lettst di son Tüünkroom opbinnen!« Ovends hung se over doch den Gropen an'n Ketelhoken. Un nachts kregen se un Matten keen Oog to. Un sü, annern Dag in de Frö weer de Gropen bet boven to vull feine Suur Supp. Un nix feel. Weer allns binnen: Schinkenknoken un rökert Fleesch, Appeln un Beern, söte Plummen un Rosinen, witte un gele Wörteln un Köll. Un ok feine, witte Meelklüten swömmen in den Gropen. Do reep Matten:

»Fro, wat is uns Herrgott blots mol för en goden Kerl!« Nu harr Matten 'en gode Hölp un keem duchtig vöran. Blots eenmol is he neeschirig wesen. Hett nachts in den Gropen keken. Do is de Gropen annern Dag över leddig bleven.

Dat harr sik nu in Olland un op de Geest gau rümsnackt, wat Matten Sumfleet förn Wunnergropen harr. Un Dag för Dag kemen arme Lüüd, Monarchen un Toters, un frögen no enen Töller Supp. Un ümmer geev Matten. Sülvs de Paster un de Börgermeister von Stod kemen un leten sik de Wunnersupp goot smecken. Over enes Dogs hett Matten doch vergeten, wat de ool Mann seggt harr. Do stunn en ool Modder op'n Süll – mag wull al tachentig wesen sien – un fröög no en beten wat Warms. Do reep Matten: »Kumm man annern Dag wedder! Ik heff sülven blots knapp een Töller vull!« De ool Modder is nich wedder komen, un de Wunnergropen för ümmer leddig bleven. Do weer dat Märken von de Suur Supp to Enn. – Un siet de Tiet kunn Matten Sumfleet keen Suur Supp meer rüken.

GORCH FOCK

Den Seilmoker sien Piep

Wenn uns groten Scheep, de no de Westküst wöllt, dat heet no de Westküst von Südamerika, de graue Nordsee achter sik hefft, de Felsen von Dover un de Fürn von Lizard, den Piek von Teneriffa un den scheunen Nordostpassot, wenn de Liniendeup un de Haifischfang vorbi sünd un wenn denn de Südostpassotwind mit jem öber den Südatlantik reist un all mol een witten Albatros in Sicht kummt, denn kommt de leegste Törn von de Schippfohrt, un de heet Kop Hoorn. Um Kop Hoorn möt se rum, wenn se den Solpeter hebben wöllt.

Wenn denn Staaten-Eiland passeert is, denn ward de Jungens un de Lichtmatrosen doch son bitten anners twüschen Mütz un Stebelsohlen tomot, un se langt woll mol achter sik, as wenn se dat Plotenband von jemehr Mudder fot kriegen wullen. Ober ok de olen befohren Lüd, Janmooten, Stüerlüd un Kopteins, sünd keen grote Frünnen von Kop Hoorn un blieft dor leber dusend Seemielen von af, as dat se dor an langschropen dot. Kop Hoorn: dat heet wochendorch Storm un Regen, Hogel un Snee, dat heet Seen so hoch as Hüs, dat heet Eultüch un Seestebeln, dat heet Nachten so düster as dat Graff. Dat heet broken Masten, tweite Seils, öbergohnen Lodungen un öber Bord schölen Seelüd. Kop Hoorn: dat heet, dat Schipp ward ton Lazarett, dat heet, dat gift keen Sloop mehr, dat heet, dat Schipp mutt bidreihn, dat heet, dor hollt nix mehr, wi möt vor Topp un Tokel lenzen. All dat seggt de Nom Kop Hoorn.

Dat Hamborger Vullschipp »Barmbek« weur um Staaten-Eiland rum un keum nu in de beuse Gegend von Kop Hoorn rin. De Lüd an Bord harrn sünst woll ok son Slag Gedanken hart, dor weern welke twüschen, de Kop Hoorn noch nich mit Ogen sehn harrn – ober dütmol weur dor opt Schipp wat los, wat jem gor nich an dat slimme Kop denken leet: Jokob Marlspieker, de Seilmoker, harr sien Piep verloren!

Pä, wat is dor wieder bi, wenn son olen Daddi, son Janmoot, sien Piep verleeren deit? He lehnt sik eenfach een anner int Logies, wenn he sülm keen mehr hett, oder he mokt sik een frische ut een afbroken Dweilsteel in de Freewach oder he fangt dat Prüntjern an!

De so snackt, de kennt Jokob Marlspieker nich un sien Piep erst recht nich. Jokob is de ollst Mann an Bord, he is all länger op de Barmbek as de Käppen un hett meist ebensoveel to seggen as de Ol un as he, de Stürmann, tosomen. De annern Janmooten estimeert em mehr as Smutje, den Kock, den sien Fründschopp op een Seilschipp doch ganz gewiß wat wert is. Dorbi is Jokob de beste Kerl vor un achter de Mast, een von de *old-fashioned sailors*, von dat ole Slag Janmooten, dat all Gott wet wo lang utstorben is, wenn een de Woterkant snacken heurt, un dat doch erst utstarben deit, wenn keen Marsrohn un keen Royalseils mehr op de Welt gift.

Un Jokob sien Piep, ochott, dat lett sik jo gor nich vertellen, wat dor all mit los is, dor is je rein dat Enn von weg. De Geschichte von de Piep, dat is würklich all son lütten Roman, wenn Jokob ehr vertellen deit. Boben op de Kordilljeren, merden innen Snee hett de Struk stohn, ut den sien Holt de Piep mokt is: en Indionerhäuptling hett den Struk unner Lebensgefohr un allerhand Hoveree von de Felsen dolholt. Un in de Possoten, as Jokob mooi Tied harr, hett he sik de Piep ut dat Holt trechtsneden. Achtein Dog, seggt se, hett he dorto brukt, so hart is dat Holt west un soveel Meucht hett he sik dorbi geben. Jokob hett all allerhand feinen Krom trechtschostert, he sett een Vullschipp innen Buddel, as weurt een Maiseber, un kann ut een Zigarrenkist dree Neihkastens un veer Aschammers moken, wenn sien mutt, he tokelt di een Schipp mit verbunnen Ogen op: ober son Meisterstück as de Piep is em doch man eenmol glückt. Den ganzen Sündenfall harr he dor op utsneden: mit den Appelbom un den Appel un mit de Slang un mit Adam un Eva. Dor fehl nix an, nich mol dat Fiegenblatt, wenn ok allens een bitten op den Dutt seet un wenn Adam ok X-Been kregen harr. De Slang steek sogar son bitten de Tung rut. Un op den Piepensteel stunn in lütte lotiensche Bookstoben: JAKOB MARLSPIEKER – SEEMANN – 1913.

Jedereen, de de Piep to sehn kreg, de verget sien Kummer un sien Sorgen for een Ogenblick un frei sik öber Jokob sien Piep un leet sik von em de Geschichte von Adam un Eva un jemehr dumm Tüch verkloren.

Nu weur de Dom ut: Jokob sien Piep weur weg, un keen Dübel wuß, wo se afbleven weur, von sülm keum se nich wedder, un herfleuten oder hersignoliseern leet dat Ding sik ok nich. De ganze Sündenfall weur un bleef verswunnen.

As de Koptein dat to weten kreg, weur sin erst, dat he no't Achterdeck gung un de Indregung in dat Schipps-Jurnol mok:

»Den 18. Oktober auf 51°3′5″ Süd und 62°1′9″ West die Pfeife des Segelmachers Jakob Marlspieker verlorengegangen.«

Mit düssen Satz keum Jokob sien Piep ober ok nich wedder an den Dag, wenn he ok een Bewies dorfor weur, wo wichtig Jokob un sien Piep an Bord weurn. Jokob weur rein ut de Tüt um de Piep un gung mitunner de Sook an as son dull Deert, so geruhig, as he sünst ok weur. Dat harr wat to bedüden, sä he den ganzen Dag, dat harr wat to bedüden! Wenn se man blot erst um Kop Hoorn rum weurn! Wenn he de Piep nich wedderkriegen dä, denn wull he in Valparais afmunstern un dat Schipp nich weddersehn! He weur op keen Ort un Wies wedder ut de Fohrt to kriegen: de Piep, de Piep, de Piep weur weg! He kunn toletzt wieder nix seggen als blot noch: Piep!

He kunn sik jo doch man een nee Piep moken, meen de Ol, un de Stürmann sä, he harr noch een scheun Stück Holt liggen. Ober Jokob sä ne, son Holt geef dat nich wedder, dor harr blot een son Bom boben op de Kodilljeren stohn, dat harr de Indionerhäuptling em schriftlich geben kunnt, wenn he schrieben kunnt harr. All dat anner Holt weur veel to week for son Sündenfall, dor kreg he Eva ehr spitze Nees nich mit rut, un mit Adam sien Fiegenblatt harr he ok sien Last: annen tweeten Sündenfall wull he öberhaupt gor nich denken: he wull sien Piep wedderhebben! Den eenen Dag sä he sogor: de harr em woll een wegnohmen, dat he ehr in Hamborg verkäupen wull von wegen den hogen Kunstwert vun dat Objekt: düsse swore Beschulligung nehm he ober all den annern Dag trügg un sä, he wull nich, dat de Fall vor dat Seeamt keum, ober se mussen em seuken helpen, dat he sien Piep wedderkreg. Gewiß, sän se, dat wullen se ok.

Wo he ehr toletzt hatt harr?

Innen Mund, sä he.

Jä, denn sull he de Piep dor man wedder rutkriegen!

Dat gung nich, innen Mund weur se nich mehr, sä he.

Denn muß se wegweiht sien!

Ne, wegweihn kunn se nich, he klemm ehr ümmer twüschen de Tähnen fast, sä he.

Oder de See harr ehr wegspeult!

Ne, he harr blot bet annen Hals int Woter stohn, as se den Pampero hatt harrn, sä he, bet an den Mund weur em keen Druppen komen.

Denn harr he ehr wegleggt, oder de Dübel harr ehr holt, sän se do, un denn fungen se an: »Weur son scheune Piep, Jokob!« »Jo, jo!« »Dor weurn jo ornlich Figuren op, Jokob!« »Jo, jo!« Een Ool weur dor mit op, Jokob!« »Ne, Gorch, die Schlange aber war listiger, de weur dat, Gorch!«

»Nokte Minschen weurn dor ok mit op, Jokob!«

»Adam un Eva weurn dat«, sä Jokob son bitten strenger. »Jungens, de Piep mutt ik wedderhebben, oder ik geef de kristliche Seefohrt op un blief an Land.«

»Hest ok all ornlich in dien Kist tokeken, Jokob? Son Piep, de ut son Indionerhäuptling sien Fell mokt is, de hett ehr Mucken, krupt in de Eck un seggt nich mol Adjüst.«

»Allens heff ik dorchsehn, Scharli. Dat hett wat to bedüden, dat gläuf ik jeden Dag mehr: wi komt nich um Kop Hoorn rum, wenn wi de Piep nich wedderfinnen dot, ik heff son Ohnung.«

Do steek de Stürmann sien Kopp dortwüschen un reep ton Seilfastmoken, un se mussen alle Mann in Nacht un Storm rut un de Backbordwach helpen. Kop Hoorn mok sien ersten, groten Beseuk bi jem. Dat weur een beusen Krom dor boben op de Rohn un bi de Seils, de

Wind gung de Sook an, as wull he een dat Hart uten Liew weihn, un dat Schipp hol bannig öber! Un kold weur dat, dat de Finger dat stiebe Seildook kum bearbein kunnen. Ober dorbi: Wat snacken se boben op de Bramroh? »Minsch, wo sull de Piep woll bloß afbleben sien?« »Dat much ik ok mol weten, Jan! Wenn wi man bloß erst de Piep wedderharrn!«

De Piep, de Piep, so gung dat nu bald opt Achterdeck un int Logies, nedden op Deck un boben in de Masten. Dat ganze Schipp quäl sik um de Piep. Rein as een Krankheit weur dat. Keum de Koptein morgens an Deck, denn weur sien erst Word: »Is de Piep wedder dor?« Un erst wenn he dor de Antwort op kregen harr, denn freug un kek he no Wind un Wedder. Gung een an de Kombüs vorbi, denn freug he Smutje nich no Plummen un Klüten oder Sanften Heinrich, ne he freug: »Na, Kock, hett de Piep sik wedder sehn loten?« Se sochen un roden mit alle Mann un krempeln dat ganze Schipp um, ober dat holp ok nix: de Piep keum nich wedder un keum nich wedder. De Stürmann keem sogor bi un rich Lord, den groten Neefundlänner Hund, as Polizeihund af, geef em Witterung un leet em allerhand Luskrom von den Seilmoker ut de Ecken snüffeln. Ole Tüffeln, tweite Strümp, Prüntjes un so wat Godes keem dorbi togang, ober nich de Piep mit den Sündenfall.

De Piep, de Piep! Hett keen Minsch de Piep nich sehn? So sung un frog dat ganze Vullschipp von de Gallion bet no dat Heck, un Jokob jaul, dat se nich ehr um Kop Hoorn rumkeemen, bet se de Piep wedderharrn. De Piep muß wedder her! Doröber weurn se sik an Bord all eenig. Wenn de Backbordwach an Deck weur, denn öberholen de Stürbordslüd de jemehr Kisten un Kasten, un de Backbordgäst moken dat umgekehrt, ober helpen dä all nix.

Dor worr bald gor nix anners mehr snackt as von de Piep. Sä een »Meun«, denn sä de anner: »Och wat, Meun, seuk man leber den Seilmoker sien Piep!« Wull de een op sien Harmoniko spelen, denn heet dat gliek: »Sett den Jammerkasten man weg, dormit jogst de Piep bloß noch wieder weg!« Reep de Bootsmann ton Reffen, denn reepen se: »Wat helpt dat? Dormit kriegt wi de Piep ok nich wedder!« Fung een von St. Pauli an, denn sän se: »Goh af mit dien St. Pauli, lot uns man leber von de Piep vertellen!«

Dat weur een Wedder, as wennt blot noch Storm op de Welt geef! As wenn de Piep dat Schipp behext harr, so leet sik dat an. Keeneen von de Kru harr son beus Wedder all mol bi Kop Hoorn beleeft, un dor weurn verdori ole Janmooten an Bord, de sik all Wind um den Steven weihn loten harrn, ik segg di, jo! Jeden Dag Storm un jeden Dag Storm un ümmer grod von vorn! Jeden Dag legen se unner Stormseils bidreiht, dat Deck weur een Woter, un keen Minsch keem ut Eultüch rut. Un dorbi keen Stück wieder no Westen hen, ümmer dreef de Wind, dreef de Storm jem wedder trügg. Mol harrn se Kop Hoorn in Sicht, de blauswarten Bargen, de so wild ut de See opsteegen: den annern Obend weurn se all wedder twintig Mielen trüggsmeeten. Harrn all veel wat wegkregen, de een harr den Arm broken, de anner harr de Knee afrüscht, de drütt harr de Hand in de Klemm hatt. Een weur över Bord komen un verdrunken. Wat sän se den annern Dag? »Wenn de de Piep nu mit över Bord nohmen hett, denn kriegt de Seilmoker ehr nich wedder to sehn!«

De Piep, de Piep!

De Seilmoker bee un soch, de Matrosen fluchen, de Stürmann schimp toletzt Mord un Brand, un de Ol, de Koptein, fung an to grübeln, all över de Piep. Se gläuben toletzt alle Mann, dat de Piep de Schuld harr, dat se nich um Kop Hoorn rumkomen kunnen un dat se son slecht Wedder harrn.

Toletzt sä de Ol ton Stürmann:

»De Piep mutt dor her, Stürmann, un wenn ik dat Schipp oppen Kopp stellen sall. Wo hefft wi noch nich socht?«

»In den Seilmoker sien Kist, ober dor ward he doch woll all söbenmol sülm nokeken hebben.«

»Kann sien, ober beter is beter«, sä de Koptein, un den annern Dag, dat weur oppen Sünndag un de Storm harr sik wat geben, gung he int Logies rin und freug: »Na, Seilmoker, is de Piep wedder dor?«

De Seilmoker seet op sien Seekist un lees in de Bibel. »Ne, Koptein«, sä he, ohne dat he opkek.

»Mi hett wat dräumt, Seilmoker, wat mit de Piep wat to don hett. Giffst du wat oppen Drom? Sünst beholl ik mien Weisheit leber for mi.«

Slau muß he dat anfangen, dat wuß he, de Koptein, sünst kreg he den olen Jantje nich tohm.

Jokob tipp mit den Finger op de Stä, wo he bi to lesen weur, kek op un sä: »Jo, op Dräum geef ik wat, Koptein.«

»Jä, mi hett dräumt, Seilmoker, dien Piep, de lä unnen in dien Seekist, bi dien wittblauen Buschruntje un de ole griese Unnerbüx. Hest du een wittblauen Buschruntje un een ole griese Unnerbüx in dien Kist?«

»Dat woll«, sä de Seilmoker, sett sik ober noch faster op sien Kist dol. »Ober de Piep liggt dor nich bi, ik wet ganz genau, wat in mien Kist is.«

»Wöllt leber mol tokieken, Seilmoker«, vermohn de Koptein em.

»Deit nich neutig, Koptein, ik weet ganz genau, wat in mien Kist is.«

Jokob bleef bi sien Lex.

»Wöllt doch mol nosehn«, sä de Koptein wedder, nu ober all son bitten basch. He wull an den Deckel ran, ober de Seilmoker gung nich weg. »Ik bün hier in de Offenborung St. Johannis«, sä he, »un ik verbiester dorin, wenn ik nu afbreek.«

De Koptein geef ober nich no. De Offenborung von de Seekist weur ebenso wichtig, sä he, un as dat ok noch nich helpen wull, do sä he: »Quisisana, bediene dich selbst!« – Un he nehm den Seilmoker mit sien Bibel, bör em von de Kist raf un sett em op de anner Siet vont Logies op den Timmermann sien Kist.

De Seilmoker wehr sik nich, he lees wieder un sä, em gung de Sook nu nix mehr an.

De Koptein mok de Kist open un öberhol den Krom, de dor in wur. Richtig lä de Piep mit den Sündenfall dorin, lä dor ganz kanditel mit Adam un Eva un de Slang twüschen dat Tüg! De Seilmoker harr notürlich gor nich bi sik sülm nosehn: he wuß jo ganz genau, wat in sien Kist weur.

Junge, Junge – erst wull de Koptein sik argern, denn wull he losballern, toletzt ober lach he in sik rin. Keen Word sä he, stunn sinnig op un lä den Seilmoker de Piep op dat Blatt un sä geruhig, as wenn nix passeert weur: »Dat is de Piep, Seilmoker.«

Jokob Marlspieker ober kek kum op un antwor ok ganz geruhig, as wenn dorn Brummer seet: »Jo, dat is de Piep.«

Un de Matrosen, de int Logies weurn, keumen neuger un sän ok ganz geruhig: »Jo, dat is de Piep.«

Se winken den Stürmann ran, he kek rin un sä ok ganz geruhig: »Jo, dat is de Piep.«

Nüms reg sik op, un as se all seggt harrn: »Jo, dat is de Piep«, all ganz geruhig, do klapp de Seilmoker toletzt sien Bibel to un sä: »Nu komt wi ok um Kop Hoorn rum!«

Un de annern sän ok all: »Nu komt wi ok um Kop Hoorn rum!«

Un as dat von de Piep stiller worr an Deck, as se wedder von Wind un Wedder snacken dän, von St. Pauli un von de Solpeterküst, as se wedder Harmoniko spelen un oppen Kamm blosen dän, as se sik wedder um dat Schipp quälen kunnen un dän: gottsverdori, wat meent ji: do keemen se ok würklich rum um Kap Hoorn!

No veertein Dog legen se all vor Valparais, un Jokob Marlspieker, de Seilmoker, harr sien roten Plüschscheuh an un spazeer op de Strooten lang as son Pascha un harr de Piep mit Adam un Eva un den ganzen Sündenfall innen Mund.

GORCH FOCK

Fischmarksleuwen

Kuddel un Edje harrn sik verteurnt.

Egentlich harr de Schullengrieper Ott Mees de Schuld. As de mit sien Fohrtüg an de Brügg anleggen dä, harr he sik den Hals bitten verkeuhlt, un he much sik nich heesig grölen: he stebel dorum erst mol no Eierkohrs rop un leet sik een Isbreeker brooen. Unnerwegs dreep he Kuddel un sä to em:

»Wüstenkönig ist der Löwe: Kuddel, hest du Arbeit?«

»Oppen Stutz tofälligerwies nich, Koptein!«

»Denn goh man dol, kannst bi mi Schullen utropen.«

»*Very well*, Käppen!«

As Ott ober an Bord een gode Veddelstunn lurt harr un keen Kuddel sik sehn leet, dach he, dat de nich mehr keum, un he gung wedder rop, noch en Isbreeker to genehmigen un en annern Utroper antomunstern. He dreep Edje, de deepsinnig an de Mur stunn un von sien Heimat dräumen dä.

»Hallo, Eduward un Kunigunde, hest du Arbeit?«

»Ne, Schipper!«

»Denn goh man dol no mien Kutter, kannst Schullen utropen! Büst doch god bi Stimm?«

»As Hein Bötel, Schipper!«

As de Schipper no den tweeten Isbreeker wedder dolkeum, do seh he en groten Oplop bi sien Fohrtüg, ober nich von wegen de Schullen, dat weur von wegen de Leuwen, de sik bien Kopp kregen harrn. As Edje dolkeum, weur Kuddel ok grod so wiet, dat he in Bünn un Buddel keken harr un anfangen kunn to grölen:

»Schullen, lebennige Schullen!«

He harr dat ober kum rut, do schubs Edje em von de Luken un fung ok an to singen von de Schullen. Mit dat Schubsen harr he bi Kuddel ober bannig int Appelmoos haut: de nehm en Anloop un schubs em wedder von de Luken!

»Du büst woll dun, wat?«

»Du büst woll dun! Ik sall hier de Schullen utropen, hett de Schipper mi seggt!«

»Dat lügst du, mi hett he dat seggt!«

»Seh di jo vor, du, bedenk, mit wen du snackst!«

»Minsch, spel di hier doch bloß nich op, du Leuw!«

»Du Heidelberger!«

»Du Kömnees!«

»Stopp, de Kömnees will ik di mol eben begrieplich moken, kumm an!«

Dat leet Kuddel sik nich tweemol seggen, he stell den Buddel int Kompaßhus rin, trock den Rock ut un hung em öber dat Helmholt vont Ror, krempel sik de Arms op un stell sik hen as son Ringer bi Sagebiel. Edje weur ok sowiet klor, un do kunn de Klopperee losgohn. Se kregen sik ornlich bin Wickel, de beiden Leuwen, se baxen sik as son poor Dietjes un reten sik de Plünnen vonnen Liew. De Lüd högen sik as de Görn, wenn wedder son half Büxenbeen öber Bord fleug, un repen lustig: »Op em, op em, he hett dat verdeent!«

Do keum ober de Schipper öbern Settbord pett, un as he sik utlacht harr, do reet he de beiden Wüstenkeunige uteenanner, kegel den eenen gegen de Winsch un den annern gegen de Besohn un sä:

»Wat fallt jo Buttjes denn in?«

»Schipper, du hest mi annohmen!«

»Ne mi!«

»Ne mi!«

»Ne mi!«

»Wullt still sien, du, oder ik krieg di noch mol bi de Büx.«

»Wenn ji nich gliek geruhig sünd, denn steek ik jo beid in den Bünn rin«, sä de Schipper, »denn möt ji Woter sluken. Mientwegen könnt ji beid utropen!«

»Mit son gemeengefährlichen Minschen arbei ik nich tosam«, sä Kuddel, trock sien Rock wedder an un gung von Bord, Edje ober stell sik an de Wanten hen un fung an to singen: »Schullen, lebennige Schullen!«

So op düsse Ort un Wies harrn Kuddel un Edje, de Anfeuhrers von de Fischmarksleuwen, sik verteurnt: se snacken nich mehr tosom un keken sik nich mehr an, un tosom drinken un arbein dän se ok nich mehr. De annern Leuwen sochen de beiden wedder bekannt to moken, se stellen Kuddel den Edje vor un Edje den Kuddel, as se mol vorn Regen all unner een Dack krupen mussen, ober dat nütz nix. Kuddel kek glatt dorch Edje hendorch un sä:

»Ik kann nix sehn, is allens Luft vor mi. Un wenn ik jo dat bewiesen sall, denn kiekt her: ik spee in de Luft!«

Dormit spee he ut un dreep Edje op den tweeten Westenknoop von boben. Edje kek den Orden an, den he kregen harr, un sä:

»Ik kann ok nix sehn, is ok allens Luft vor mir. Un bewiesen kann ik jo dat ok: paßt op, nu smiet ik min Prüntje in de Luft!«

Dormit smeet he Kuddel den saftigen Prüntje int Gesicht.

»Harrn ji mi nich fasthollen, denn harrt Appelmoos geben«, sä Kuddel noher to de annern Leuwen. Ut de Versöhnung weur nix worden.

Alltosomen snaken se tom Freeden. De ganze Fischmark un de ganze Fischhannel harr den Schoden dorvon, dat Kuddel un Edje sik nicht verdrägen dän. Dat Löschen von de Fischdampers gung nich mehr so gau as anners, dat Opdrägen weur veel langsomer worden, un all de Arbeit gung sinniger an: de Leuwen snacken öber Kuddel un Edje un vergeten dat Arbein. Sogor dat Drinken bleef mitunner öber no: de Köminseln klogen ok all. Ober Kuddel sä, dat gung em all vorbi: sientwegen kunnen Altno un St. Pauli gern bankrott warrn. Un datsülbige sä Edje, de ok nix von Verdrägen weten wull.

Dat weur en beusen Tostand: lang kunn dat so nich wiedergohn, dat sehn all de Leuwen in.

»Sall de Regierung erst dortwüschenkomen?« freug Ferdinand jem, ober Kuddel un Edje bleben sik sabbel, un wenn se nachts innen Bunker stunnen, denn smeeten se sik mit Is un Schellfisch annen Kopp, dat dat lebensgefährlich weur, dorbi to arbein. Wenn Kuddel mol nüchtern weur, denn harr he gor nich son grote Wut, denn sä he:

»Ik wull mi gern wedder mit em verdrägen, dat hier bi uns an de Woterkant wedder allens in de Reeg kummt, ober he mutt nüchtern sien. Ji könt nich von mi verlangen, dat ik as een nüchtern Arbeitsmann mi mit son dunen Kerl wedder verdrägen sall! Kiekt mol hen, wat dat Swien wedder besopen is! Lot em man erst nüchtern warrn, denn snackt wi dor mol över.«

Se teuben nu af, dat Edje sien Brand utsloopen harr, ober as dat sowiet weur, do harr Kuddel sik notürlich all wedder een ankreugert, un Edje sä: »Ik warr mi doch nich mit son Duntje wedder verdrägen, de no Snaps rukt!«

So gung dat hen un her: Weur Kuddel wedder nüchtern, denn weur Edje wedder dun, un weur Edje wedder to Been, denn kunn Kuddel wedder nich stohn. Dat se beid mol nüchtern weurn, dat weur jo woll nich meuglich. Wenn se ober beid dun weurn, also dat se sik een den annern nix vorsmieten kunnen, denn weurn se veel to krekel, denn susen se op leewst wedder opeenanner dol un verjacken sik von frischen: denn weur an Verdrägen erst recht nich to denken.

Bi lütten worrn dor oppen Fischmarkt twee Partien von, de eenen harrn dat mit Kuddel un de annern mit Edje, un alle Ogenblick geef dat beusen Balkan in Altno: son twee, dree Mursteen oder Fischköpp fleugen ümmer in de Luft rum, un schubst un gnubst worr sik an all de Ecken un Huken: söbenmol mussen de Schutzlüd dortwüschen.

Dat kunn nich so wiedergohn! In de Sook muß wat don warrn, oder de Welt kunn nich mehr bestohn. Do dän de vernünftigsten von de annern Leuwen sik tosomen un hollen op de Schellfischallee een Leuwenkongreß af.

De lange Ferdinand weur de Präsident un sorg dofor, dat se sik eenig warrn dän.

As Kuddel mol wedder een sitten harr un oppen Heringskist indusselt weur, do gungen se an dat Düwelswark: trocken em den Kömbuddel ut de Tasch un län den solang in Sur. Un as Edje bitten noher ok andümpelt keum un en Ruhesanft op en Hummerkasten soch, do holen se em ok den Buddel ut de Büxentasch. Un denn kregen all de Fleegenweerten von de ganze Umgegend strengen tierkeuniglichen Befehl: Kuddel un Edje keenen Snaps to geben, bet se sik wedder verdrogen harrn.

As Kuddel utslopen harr, weur dat notürlich sien erst, dat he in de Tasch greep un sien Köm un Himbeer soch, Dübel ok: wo weur de Buddel?

Kuddel mok een langen Arm un lang bet no de Tügstebeln dol, ober dor innen Deepen weur ok keen Nordlicht to finnen.

Verdori: wo weur sien Patentversluß bleben?

He kipp de Heringskisten um un kek as son Polizeihund, kunn sien Tröster ober nich in Sicht kriegen.

Edje harr ok utslopen un seet ok beus inne Kniep, as he sien Kömbuddel nich wedderfinnen kunn.

Junge, so wat grenz em denn doch an Mord un Dotslag: een Leuwen sien geistige Nahrung wegtograbsen!

He trock de Jack ut un kek dor gegen de Sünn dorch, ober ok bi düsse X-Strohlen-Method keum dor keen Buddel togang. He fleut mol op veer Finger, ober dat holp ok nix.

Toletzt harr Kuddel sik sowiet in sien Schicksol funnen, dat he no Peter Jens sien Keller röbergohn un sik dor een Janewer foddern kunn.

Peter Jens freug ober: »Hest di denn wedder mit Edje verdrogen?«

»Ne!«

»Na, denn kriegst ok keen Sluck: erst verdräg di wedder mit em!«

»Lachen«, sä Kuddel, mok linksum kehrt un stür no Jan Meyer sien Köminsel röber.

»En Sluck!«

»Hest di wedder mit Edje verdrogen?« freug de Fleegenweert. »Ehr kriegst du keen Sluck!«

»Ik gläuf, ik heff een Splien«, sä Kuddel un sleug mit de Fust op de Toonbank un muck op, bet Jan em bin Kripps kreg un em rutsätten dä.

»Wenn dostig büst, denn loop man no de Elw dol, dor is Woter genog«, lach de Weert em no.

»Leber hang ik mi op«, gröhl Kuddel in sien Wut.

Den Edje, de ok de Schänken afklopp, gung dat nix beter: blot dat he bi Peter Jens rutfleegen dä.

Noher seten de beiden Leuwen nedden op de Brügg, keken över de Elw un grübeln bannig. So veel Woter op de Welt un keen Druppen to kriegen!

Do dachen de annern Leuwen, dat se nu de Tung hangen leeten un mör weurn. Un se stellen sik bi jem hen un snacken doröber, dat se sik doch wedder verdrägen sullen. Nu weurn se doch beid nüchtern, un wenn se beid nüchtern weurn, denn wullen se sik doch wedder verdrägen, dat harrn se doch seggt.

»De un nüchtern«, sä Kuddel un smeet mol een half Og no Edje röber, »de stellt sik bloß so nüchtern an, de is in Würklichkeit dun, dat wet ik ganz genau.«

Do hol ober Ferdinand sien groten Buddel ut de Tasch, kreg sien Taschendok her un fung an, dat Glas to putzen. All de Leuwen moken grote Ogen un sloken mol dreug dol. De Buddel blenker ober ok to scheun in de Sünn. Kuddel un Edje mussen ok mol opkieken. Do sett Ferdinand den Buddel mit een groten Swung an den Mund un meuk so recht von Harten gluckgluckgluck!

Dat kunnen Kuddel un Edje nich mit ansehn, se sprungen op den Buddel to as de Neihnodeln op den Magnet: ober Ferdinand harr woll den Glanz in jemehr Ogen sehn un jump gau trügg – nu kiek dat Gedicht von Schiller an: in den Armen liegen sich beide und weinen vor Schmerzen und Freude.

»Huroh!« reepen de annern Leuwen, moken een Krink um de beiden un stotten jem so lang gegeneenanner, bet se sän, dat se sik wedder verdrägen wullen.

»Ik do dat ober bloß um den Sluck, Jungens«, sä Kuddel, »an den Kerl is mi nix gelegen!«

»Mi is dat ok mehr um den Köm to don as um di Heidelberger«, reep Edje.

»Kinners, verdrägt jo«, sä Ferdinand, »sünst tappt keen Peter Jens un keen Jan Meyer jo wedder wat in. Kiek her: düssen Buddel könnt ji jo deelen, wenn ji jo de Hand geeft und jo wedder god ward.«

Ferdinand trock sien Taschendok noch mal rut un reef noch mal, dat de Buddel noch mehr glitzern dä. Do worr Kuddel week as Botter in de Sünn un sä: »God, ik geef em de Hand, ober ik mok tor Bedingung, Ferdinand-wie-schön-bist-du, dat ik toerst drink! Edje is kapobel un supt den ganzen Buddel leddig.«

»Dor bün ik nich mit inverstohn«, reep Edje, »ji könt dor op af, dat he mi keen Druppen nolett, wenn he toerst drinken deit.«

»Her den Buddel«, reep Kuddel.

»Ruhig, Silenzum«, sä Ferdinand, »de Köm is noch mien Privotegendom. Beid togliek könt ji nich drinken, Edje, so wiet is de Industrie leider Gottes noch nich, dat se Buddels mit twee Häls moken kann. Een mutt anfangen un wiel Kuddel de ollst is, sall he den Anfang moken. Kuddel, drink, ober drink nich mehr as den halben Buddel, dat segg ik di. Hier leggst du den Dumen hen, dor is de Grenz. Kinners, kiekt so lang weg, dat jo nich dat Hart an to blöten fangt. Stoppi: erst geeft jo de Hand. So ist god: ik slog dorch, un Europa hett wedder Freeden. So, nu drink, Kuddel!«

Kuddel nehm den Buddel un rok erst mol annen Proppen. »Dat is jo woll ganz wat Extros, wat Ferdinand? Is de von Jens?«

»Jo, von Helmers sien.«

»Denn drink ik em mit en god Geweten«, sä Kuddel, dreih sik um, sett den Buddel an un drunk em mit een Mol rottenkol ut bet op den letzten Druppen, ohn sik doran to kehren, dat se all reepen: »Genog, genog, genog, genog, Kuddel!«

»Heff ik dat nich seggt, heff ik dat nich seggt«, brüll Edje vor Wut, gung op Kuddel dol un hau em op de dicke Nees, dat dat knallen dä, un sä: »So, nu drink noch mol den ganzen Buddel ut.«

Dat leet Kuddel sik ober nich seggen, he trock sien Jack ut un sus op Edje dol, un se beeten sik as de Hyänen bi Hogenbeck fief Minuten vor de Fütterung. De Plünnen flogen dor rum as nix Godes. Un as se sik ornlich vertogelt harrn, do weurn se sik wedder sabbel, de beiden Leuwen, un bleben dat.

Se sünd sik hüt noch nich wedder god. Fleegt ümmer noch Fischköpp un Büxenbeen rum in Altno un St. Pauli, un de dat nich gläuben will, de kann jo man mol hengohn. Ik goh gern mol mit.

LUDWIG FRAHM

Min o'l Gesangbok

As ik acht Jahr old weer, köm ik inne Schol ünner de Halvstarken, un uns' Scholmeister geev den Befehl ut, nah Ostern müssen *wi* ok en Gesangbok mitbringen. »Daß ihr orntlich mitsingen und Gesinge lernen könnt . . .« säd he. »Gesänge lernen« kann je jeder seggen. He müch gern en beeten von de annern Minschen affsteeken.

Nu weern dree Gesangböker in uns' Hus. Min Mudder harr een mit'n Goldschnitt in'n Kuffer: dat kreeg ik nich. Min Tante würr ganz bös, as ik ehr min Beed ünner de Ogen güng: »Min schön Gesangbok mit sülwern Haken? Ne, dat slah di man ganz ut'n Sinn!«

Awer min Großmudder harr en Insehn mit min Not. Se bruk dat frielich binah jeden Dag, besonners awer an de Festdag, bi Krankheiten, bi Gewitter un Storm; aber se meen, se harr noch en Lauenbörgsch Gesangbok, dar wüß se ok god in Bescheed, un uterdem weern dar noch veel mehr Gesäng' in as in dat Sleswig-Holsteensch. An den ersten Scholdag nah Ostern, schöv se mi denn ehr Bok up min Tafel un säd: »Nimm du dat man in Gott's Namen mit!«

Worüm ehr awer de Hänn' so beewern un ehr en paar dicke Tran' ut de Ogen parln un öwer de verschrumpelten Backen löpen, dat hev ik erst heel veel later klok kreegen.

Dat Bok harr nämlich all mal een annern Deenst dahn, as woto dat eegentlich bestimmt weer.

Min Großvadder harr sik ümmer tapfer mit den Hamer nährt un ok wehrt; he weer en Smid. As de Franzosen vör mehr as hunnert Jahr ok uns' norddütsch Vaderland dörchströpen, müß he ehr Peer beslahn, un as se denn seegen, dat em dat so glatt von de Hand güng', wull'n se em as Fahnensmid mithebben. Ehr Sprak kunn he je nich verstahn, un as em en Art Affzeerer up Hochdütsch angüng', dehr he, as wenn he dat ok nich verstünn'. As se awer handgrieplich an em wardn wulln, da smeet he dat Schotfell aff, slög den nächsten Angrieper mit den Hamer dal, sprüng' öwer en hoge Plank, un weg weer he.

As he awer nah mehr as dörtig Jahr bi en sware Arbeit in sin eegen Smäd den groten tweespännigen Hamer (wiel he mit beide Hann' regeert wardn müß) bruk un sin' Kalkstummel von de een Eck in de anner schöv, wiel em von den scharpen Tabak dat een Og' tran' würr, däd he en Fehlslag.

Twee Dokters stünn' bi em; awer keener kunn den swaren Bruch in't Lot kriegen, un as he dod weer, nöhm min Großmudder ehr Gesangbok un bün um dat ünnert Kinn, dat em in'n Dod nich de Mund apen stünn'. Dat is so de ole Volksgebruk. Dat weer de Ursak von ehr Tran', as ik mit dat Bok to Schol müß.

Min Scholjahren fülln mit de Kriegsjahren 1864, 1866, 1870–71 tosam, un je öller, je gröter weern ok de Jungs damals heel kriegerisch gesunn'. Dar würr mennig Slacht bi de Schol slagen, un ok in de Scholstuv sülben güng dat oft bannig rug her. De Schollehrer weer nämlich togliek Buer, un dat he denn nah sin dree Köh sehn müß, versteiht sik von sülben. De Scholkoppeln awer leegen wied vont Hus; dar kunn en Stunn' vergahn, bet wi wedder sin fühnsch Gesicht dör unsen Stoff to sehn kreegen.

He harr uns woll een oder twee grote Schriev- un Reekenupgaben upgeben – man nenn' dat Langfoder up de Röp steeken –, awer dar würdn wi denn veel lichter mit farig as sünst. Denn güng' so bi lütten de Larm los. Dat Smieten füng' mit Papierproppens an un sett sik allmählich mit gröter Ding' fort. Wenn't gar to leeg würr un all eenige Deerns huln un en paar von de Lütten ünnern Disch blarrn, denn stünn een von de Groten up; he harr Insehn in de Sak un beföhl, mit Bibeln dörv een för allemal nich smeeten wardn, dat müß mit Gesangböker sin Bewenn' hebben.

Wat recht is, mutt ok recht blieben.

Ik weer man en lütten Butt un hev mi an de groten Kanonen un mit de Füerkugeln von Rolf Krake nich bedeeligt. Ik kröp denn, wiel ik dicht darbi seet, in de Festung. Dat weer den Schollehrer sin Pult. Awer min Gesangbok sus' von annere Hänn' liekers gegen Dischen un Wänn', Tafeln un Köpp un büß up de Art bald Deckel, Titel und Slußwort in.

Fröher würr mit de Kinner keen Ünnerscheed makt. So as jeder abends en Töller vull Grütt un en düchtige Sneed Swartbrot kreeg, he müch grot sien oder lütt, so scheer de Scholmeister se ok öwer een' Kamm. Jede Week kreegen wi een'n Gesang up, dat mök in de Sommerfiern veer, awer jonich von de korten. As ik eenmal an den letzten Dag de veer upsöch, kunn ik eenen nich finn'. Dat weer Nummer 160, un heeten häd he »In allen meinen Taten«. Dat Blatt fehl ganz un gar, weer apenbar rutreeten. Up rutreeten Bläder verstünn' ik mi damals all. Ik harr dat awer nich sülben dahn, denn disse Nummer harrn wi noch nümmer upkreegen.

Von de annern Schölers hör ik, dat se grade dissen Gesang lehren wulln; dissen kreegen se woll to Kopp, mit de annern weer dat schier unmöglich.

Darup stütt ik mi denn un lehr gar keen', mit vulles Recht, as ik mi inred'.

Ik wenn' mi awer doch an min Großmudder un stell' ehr to Red', wo dat Blatt mit »In allen meinen Taten« woll bleben weer.

Erst keek se mi en beeten scharp an. Denn awer säd se: »Ik will't di seggen. Awer din' Vadder dörfst du dar keen Wort von seggen; denn he mag dat nich hebben, dat em jemand in sin binnelste Kamer kiekt. As he 1849 mit in'n Krieg trecken müßt, da hett he ›In allen meinen Taten‹ ut dat Gesangbok un ut de ole Bibel, de dar baben up't Schapp liggt, den 90. Psalm ›Herr Gott, du bist unsere Zuflucht für und für‹ rutreeten un mitnahmen in't Feld.

Anner Lüd' geben ehr Söhns noch Himmelsbreef', Arvsülwer un

allerhand Sympatiken mit; din Vadder awer lach daröwer, un he is liekers gesund wedderkamen.«

Mi güng' dat nu mit de beiden rutreeten Bläder bald so, as so'n stillen Mitleser von en Zeitung, de he nich mit betahln will. Wenn de Abonnent em wegekeln will, denn snitt he bald hier, bald dar en Stück ut de Bläder, un denn duert dat nich lang', so hölt de Giezknüppel sik sülben de Zeitung.

Ik mök mi denn ok bald mit Psalm 90 un Gesang 160 bekannt un ok mit de Lüd', de se schreben harrn. Von den ölsten von de beiden, von Moses, fünn' ik denn heel veel in de Bibel. Von den tweeten awer, Paul Fleming, kun ik man en paar Brocken updrieven. Erst twintig Jahr nahher hev ik in en dickes Bok, dat de Olearius heet, den Mann affbildt sehn mit sin fien Gesicht, dat ut Wams un Spitzenkragen rutkeek, un hev von em lesen, dat he dat Leed dicht hedd, as he an en grote Reis' för Friedrich III. von Gottörp von Sleswig nah Persien 1634–38 deelnehm un vörher dat schöne Leed schreev. Awer 1640 is he all mit 31 Jahr storben as Dokter in Hamborg. In Sleswig hev ik mi dat Hus wiesen laten, wo he wahnt hedd.

Disse beiden Wannerslüd, Moses un Fleming, sind mi hüpig dör min Gedanken gahn, un wenn ik so dör Hamborg gah und seh all' de nien Böker un de meterlangen Reegen von de sämtlichen Warken von de Dichters un Nichdichters in de Bokhandlungen stahn, denn fallt mi Paul Fleming in. Sin Leed is bald dreehunnert Jahr old un levt noch ümmer.

Eenmal güng' wi söben Jungs lang den olen Steendamm nah Bargdörp. De Propst wull dar in de Schol kamen un wull uns affhörn in de Rilljon. Dat is man en lütte Schol in Heidhusen. De Schollehrer weer all mit veer grote Mätens vörutgahn. As wi nu bi den groten Steen güng', den de ol Förster Druw ut Tweelenbek nahher för en Ei un Bodderbrot nah Hamborg hen vermakelt hedd, säd Heuneri, eegentlich heet he Hinnerich, to uns: »Ik weet doch nix. Ik blameer ju blot. Ik gah nich mit!« Dar wulln wi awer nix von wetten, so'n infamte Fahnenflucht; wi weern ja sowieso nich mannsstark.

As he uns awer so jämmerlich prelln däd un toletz versprök, he wull, wenn wi in de Schol setten, nah Franz Ahlers gahn un dar för jeden en Zigarr köpen un denn bi Jakob Mehrens för jeden en Bodderkoken ruthaln, da kreeg he Frielöß un slög sik eben vör de ersten Hüser in't Feld, dat em de Schollehrer nich erst in de Krallen kreeg. Ik höll em awer noch eben torügg: »Heuneri, giv mi din schön Gesangbok so lang', min süht all so plünnerig ut; dat kannst du so lang' kriegen.«

»Na, wo habt ihr denn Heinrich gelassen?«

»Er ist uns bei die Münkerbaud (so heeten de Koppeln dar) schon krank geworden.«

»Was ist er? Er sah doch ganz gesund aus.«

»Nein, er wurde immer bischen mieser.«

»Ihr habt doch nicht geraucht?«

»Wir, fällt uns gar nicht ein, beriechen Sie uns man.«

»Was fehlt ihm denn?«

»Er meinte, er konnte die Specksuppe nicht ab, wo er drei Teller von gegessen hatte, er hat sich schon fix gebrochen.«

»Wo habt ihr ihn denn gelassen?«

»Er sagte, er wollte solange bei Mutter Meiersch reingehn, sich da verholen und auf uns töben.«

»Na, denn man vorwärts – aber daß ihr mir ordentlich aufpaßt un' fix antwortet.«

De ol' Propst weer en duldsamen Mann, snack fründlich mit uns, un de Lex köm teemlich glatt to Enn'. Awer bi em seet en Herr mit en grote Näs' un en gnäterswarten Snurrbart mit lange Spitzen. Ik müß ümmer an den drütten Napoleon denken.

»Wokeen is dat?«

»Ik weet nich.«

»Kennst du em?«

»Se seggt, dat is de Landrat.«

Wenn de Snauzbart von den Landrat nich west weer, denn harr ik de dree Fragen, de ik nich hört harr, ok beantworten kunnt. As't ut weer, schubsen wi uns rut; ik kreeg dreemal en fixen Puff in de Rippen. En halv Dutz Gesangböker keemen ünner de Föt to liggen. Ik grabbel mi dat, wat ik vör min höl, up un keem so glücklich an de frische Luft.

As wi buten weern, kreegen wi noch en Vermahnung, still un flink nah Hus to gahn. Uns' Ja weer binah en Hurra.

Heuneri paß uns eben buten Dörp bi de Lehmkuhl up. Wi kreegen unsen Stuten un en Zigarr. Affhanneln leeten wi uns nix. As wi den

»witten Pahl« güng', füll mi min Gesangbok in: »Kumm, Heuneri, hier is din Gesangbok, giv mi min oles wedder.«

»O Minsch, dat hev ik liggenlaten.«

»Wo denn?«

»Ja, dat weet ik nich, bi den Zigarrenmaker oder bi den Bäcker.«

Ik keek nah Heuneri sin Bok rin, dat seeg mi ganz anners ut as vörher.

»Is dit din Gesangbok?«

»Je, dat weet ik nich, min Mudder hett mi dat hüt middag geben.«

»Heet din Mudder denn mit Jümfernamen Meta Offen?«

»Meta Offen! O Minsch, dat weet ik nich.«

»Du muß awer doch weeten, wie din Mudder heeten hedd.«

»Weet ik mit'n besten Willn nich.«

»Wat seggt din Vadder denn to ehr?«

»De seggt gar nix to ehr, de seggt blot Fru; wenn he't god hedd, seggt he Olsch, un wenn he führsch oder dun is, seggt he bloß Du.«

Ik behöl dat fragliche Bok bi mi un steek dat so lang in'n hollen Stubben bi uns' Port.

Den annern Morgen keem Heuneri mit de Meldung, he harr up ganz slaue Art un Wies rutkreegen, wie sin Mudder heet, nämlich Agnete Krahl.

»Minsch, Minsch, un in dit Bok steiht Meta Offen. Wat stellt wi nu awer up? Dat is ja en Stück ut de Dullkist wordn, wo ok alles bunt dörchenannergeraden is.«

As wi gar keen Licht in de Sal kriegen kunn', wenn' wi uns an den Schollehrer, un de keem denn up den glückliche Infall, dat Bok mit Meta Offen stamm wahrscheinlich ut Hinsbek, da weern de Offens to Hus. Wi schulln uns man up den Weg nah Hinsbek begeben un dar uns up't Söken leggen, he wull uns en lütten Zettel an den Schollehrer Sadler mitgeben. Wi möken uns denn uppen Stieg un kloppen nach 1 1/2 Stunn' in Hinsbek ganz benaut an de Scholdör.

»Herein!«

In en groten Korfmakerstohl seht de gewaltige Scholmonarch. Ut dichten Tabaksqualm rag' en gewaltige Germanenkopp mit lange geele Haar herut. He les den Breef, hör uns' Stamern an, keek uns scharp mit sin Stahlogen an, dat uns sin Blick bet up unsen Hartensgrund güng';

en breede Grientje speel up un üm sin' Stirn sik in Folen, de Ogenbruen sacken as sware Wolken dal, he stünn up, nehm den Pipensteel as Zepter in de Hand, wies ut Fenster un säd: »In diesem Hause, da wohnt Frau Meta Offen, da liefert ihr das Gesangbuch ab . . .«

»Herr Sadler, ich kann es ja meine Mutter mitnehmen.«

»Schweig still, Doris; diese Burschen müssen gefoltert werden. In dem Hause liefert ihr das Buch ab.«

»In das große Bauernhaus da linksch?« frög Heuneri. »Da kauft mein Vater wennigmal die Farken.«

»Hör zu, Bengel, was ich dir sage; und euer Gesangbuch, worin Agneta Krahl stand, das habe ich schon heute morgen nach Bargdörp an den Küster Feldmann, wo ihr gestern in der Schule gewesen seid, geschickt. Verstanden?«

»Ja . . . ja.«

»Marsch.«

Mi füll' en Steen von' Harten, as de Dör achter uns in de Klink füll'. Mit den Kerl weern wi nu farig. As wi blang' de Scholfinstern langgüng', hör ik binn' en Lachen, as wenn Rübezahl mank Felsen un Dann' in sin Riesengebirg lacht; wenn he en Öweljochen mal en Streich speelt hedd.

Ganz anners füll uns' Besök bi Mudder Offen ut. Se nöhm uns mit en strahlend Gesicht up, denn se stünn vör't Füer un weer bi't Pannkokenbacken. Un as se ehr Gesangbok seeg un hör, dat Heuneri ehrn Farkenkoopmann sin Söhn weer, da sett se uns en fixen Stapel Pannkoken up'n Disch un en halv Slag Bodder darto: »Nu eet man düchtig satt.« Wi swetten fix, as wi dat Fatt bet up een', de schienshalber liggenblieven müß, lerri eeten harrn, bedanken uns bi de Fru sogar mit Handslag un streben as ganz annere Minschen ut dat Dörp rut. In Hölkenbrook, wo wi hendör müssen, harrn wi all so veel Mot, dat wie Hans Kibbel, de as Saatkerl un Zeegenbuckbesitter wiet un siet bekannt weer, mit ein paar Fußsteen an de Blang'dör smeeten un utneihn.

Mit den Köster Feldmann in Bargdörp würden wi slank farig. He harr en Sitzung in sin Stuv, harr gar keen Tied för uns un lang' Heuneri sin Mudder ehr Gesangbok hin.

Bi den Bäcker Jakob Mehrens köffen wi uns en Bodderkoken. Wi weern noch lang nich wedder hungerig; awer dat Geschäft bröch dat so mit sik. Wi frögen so verloren nah en oles Gesangbok.

»Ja, hier ünner de Toonbank liggt so'n olen Tornüster.«

So harr ik denn ok min Eegendom wedder, un so mit Scholsluß langt wi wedder to Hus an, wo wi denn noch de bedenkliche Gesangbokgeschicht to bichten harrn.

Min Großvadder ut Bünnstedt wull mi noch to min Kumfermatschon en nies Gesangbok schenken; awer ik dank un hev min oles de Ehr andahn un bün darmit to Kark gahn.

Nahher awer is dat in en oles Schapp wannert. Dar hebbt woll mennigmal die Müs' ehr Spill mit hatt, un as min Vadderhus nahher dörch mit Rietsticken speelen in Flammen upgahn is, da fünn' de Lüd in de Kamer mank de Asch min halvverkahlt ol' Gesangbok.

IRMGARD HARDER

Damenbesök

Överall nömt een dat 'n beten anners, man menen deit een egentli jümmers datsülvige, wat dat nu »Neibüdelklub« heet oder »Kränzchen« oder ganz slicht »Damenbesök«.

Un wenn mi een fraagt, wat dat nu egentli Spaaß maakt mit fief oder söß Fruenslüd tohoop an 'n Kaffeedisch to sitten un to pratern – tjä, ik weet nich. Spaaß?? Dorför is dat egentli 'n veel to eernsthaftige Angelegenheit; man interessant is dat, un een kriggt dor 'n Barg Nieges to weten. Mannslüd vertreckt dor jo jümmers 'n beten dat Gesicht bi, wenn ehr Fru mit 'n lichten Süfzer seggt: »Also morgen abend kumm bloots nich so fröh na Huus! Ik heff nämli Damenbesök. Dütmal bün ik an de Reeg – ik kann 't jo nich ännern . . .«

Sühst woll, dor hebbt wi dat: Sünnerlich geern deit se dat nich, de Fru. Bloots wo se bi all de annern Fruens ok al mal to 'n Kaffee inlaadt weer, dor kann se dat jo nich so enfach op sik sitten laten. Seggt hett dat twaars nüms, man luern doot se dor all op. Dennso schull een menen, so 'n »Damenkaffee« is denn doch woll tominnst för de Gäst 'n Vergnögen? Na, dat kann een egentli ok nich seggen. »Och du leve Tiet«, heet dat denn, »hen mutt ik jo; ik kann ehr dat jo nich goot afslaan. Man wat treck ik bloots an? Un Blomen mutt ik denn jo woll ok mitnehmen . . .«

Liekers, Kaffeeklatsch mutt sien, dat hört nu mal to de »gesellschaftlichen Pflichten«. Un överto hett de Huusfru nu mal so richti Gelegenheit, all ehr Künst to wiesen. Man dat is mehr so 'n Aart heemli Examen! Denn dat 's doch klaar, dat düsse Gäst allens seht un allens markt – 't sünd jo all Huusfruen, un de weet heel goot Bescheed; dörchgahn laten se so licht nix. Al gar nich, wenn se annerwegens to Besök sünd.

Dorüm makt de Huusfru vörher gründli rein. Se will sik jo nich naseggen laten, dat 't smuddelig bi ehr utseech. De Gardinen mutt se twaars nich waschen; man wenn de al mehr as veer Weken hangt, denn is 't beter, se deit dat liekers.

Dat se all de verschieden Koken sülven backt hett, versteiht sik von alleen; jüst so, dat se den Disch mit dat fienste Dook, mit 't best Geschirr un blänkern Sülver deckt un de Kaffee – von de düerste Sort' un stark, dat dor de Lepel in stahn kann – praat steiht. De Füerproov mutt se bestahn, wenn de Gäst pünktli op 'n Klockenslag an de Dör bimmelt. Dat heet twaars jümmers, Fruenslüd könt nie to rechte Tiet kamen, man to 'n Kaffeebesök kaamt se all mit 'n Mal un all mit 'n Rükbusch in de Hand. Un denn steiht se op de Deel, de Huusfru, den enen Arm voll Blomen, un versöcht mit den annern, ehr Gäst ut den Mantel to helpen, kumplementeert se in de Wahnstuuv, suust in de Kök, wieldat se gau de Blomen in Vasen stellen mutt. De Vasen hett se natürli al praat – man jo nich so, dat de Gäst dat ok seht! Anners lett dat, as harr se op Blomen töft. Denn möt de Vasen in de Stuuv natürli so henstellt warrn, dat elkeen Rükbusch sotoseggen 'n Ehrenplatz kriggt.

Tjä, Organisatschoon is allens; ahn dat 't opfallt, mutt sik de Huusfru ok düsse Plätz all 'n beten vörher överleggt hebben. Na, un denn hett se mit Kaffeeinschenken un Kokenrümrecken noog to doon. Man ok dat mutt ehr vun de Hand gahn, as weer dat nix; denn se mutt jo, wenn 't nödig deit, de Snackeree in'e Gang holen. Is jo schaneerli, wenn dor miteens söben Fruenslüd still swiegt, wieldat se en Thema jüst

»dörch« hebbt un so gau keen nieges faatkriegen könnt. De kloke Huusfru hett möglichst noch en Fründin mit inlaadt, de jüst 'n grote Reis' maakt hett oder sünst wat to vertellen weet. Nich, dat se dor nu jümmers von snacken schall, se is sotoseggen de »Ersatzmotor«, de de Sellschop wedder in'n Swung bringen kann. Un to Huus könt se denn nahsten all vertellen, wat se för 'n interessante Person kennenlehrt hebbt. Dat 's doch ok wat wert, graad denn, wenn de Koken nich so ganz glückt is.

Sünd de Gäst denn wedder weg, sackt de Huusfru op den neechsten Sessel, kiekt deepdenkern op all de Kokenresten un fraagt sik, wat se dat »Examen« woll bestahn hett. To weten kriggt se dat natürli nie nich! Man se hebbt jo all to'n Afscheed seggt, wo »reizend« dat dütmal doch weer!

Na, eendoont, för dütmal is se dar von af, wieldes al en anner von de Fruenslüd an 't Överleggen is: »Ach de leve Tiet! Dat neechste Mal bün ik an de Reeg!«

IRMGARD HARDER

To Kur

Fröher is mi dat jümmers 'n beten lachhafti vörkamen, wenn ik hör, dat Lüd to Kur fahren deen. Man as mi uns' Dokter sä, ik müß ok nödig mal 'n Kur maken, anners kunn dat nich bäter warrn mit mi, dor keem mi dat gar nich mehr so lachhafti vör. Nu bün ik dor aver mit dörch, un ik mutt jo seggen, ik bün heel klöker wedder na Huus kamen, as ik wegföhrt bün. Weer ik dor noch 'n beten länger bleven, denn harr ik wiß ok 'n Praxis opmaken un Dokter spelen kunnt. Jo, soveel heff ik dor lehrt! Ik müß nämli meisttiets mit Lüd tohoop sien, de jo ok nich to 'n Vergnögen so'n Kur dörchmaken deen – jüst as ik. Man de mehrsten harrn överto noch allerhand anneres dörchmaakt, un dor müssen se jümmerto vun vertellen, bi 't Fröhstück, bi 't Meddageten, op de Bank in'n Kurpark oder wenn se bi 'n Dokter töben deen. Dat leet, as geev dat nix Interessanteres op de Welt as Krankheiten. Un wenn een sien egen Leiden all optellt harr, denn kemen de von de Verwandten an de Reeg un ok de vun Frünnen un Bekannten. In de eersten Daag kreeg dor ik rein dat Grugen vör. Na, ik weer noch gar nich recht op 'n Damm un harr noog mit mi sülm to doon. Man wo dat nu gar keen Enn nehm mit all de Krankheiten üm mi rüm, dor füng ik an, nipp totohören. Wat kunnen de Lüd all gelehrt snacken! Wenn ik to 'n Dokter müß, denn seet mit mi jümmers en Fru to töben, de harrn se so 'n künstlichen Knaken in de Hüft insett. So en Operatschoon is 'n bannig kumplizierte Saak; man ik heff so gründli verklaart kregen, wo dat maakt ward – ik glöv, nu kann ik dat ok. Mi fehlt bloots noch de Praxis! Al morgens bi 't Fröhstück vertell mi en Fru jümmers, wat se mit ehr Maag för Sorgen harr. Dor stimm wat mit de Säure nich, dorüm kunn se keen Kaffee un keen Marmelaad verdregen. Bloots Koken eten, jo, dat kunn se goot af. Woso dat nu egentli funkschonieren dee, dat heff ik nich rutkriegen kunnt. Man ik sä jo al, ik bün nich lang noog to Kur west, anners harr ik dat wiß ok noch lehrt.

Un denn bi 't Meddageten! Al vörher överlegg ik mi, wat ik mi woll wedder to de Fru an'n Disch setten schull, de so 'n grote Operatschoon an't Hart achter sik harr. Man dat wüß ik mit de Tiet al utwenni. Ik wull jo ok mal wat anners hören un sett mi lever an den Disch, wo de Lüd dat mit de Lebber un de Gall harrn. Na, Gall is bannig interessant, mutt ik seggen! Mien füng toeerst jümmers an to kniepen, wenn ik bi Bouillon mit Eierstich to hören kreeg, wat een dor allens mit dörchstahn kann. En Mann harr 'n lütten Gallensteen in't Pottmonnee. Un he kunn sik so bannig freien, wenn de annern Gäst den geern mal sehn wulln. Na, un dat kann viellicht nich jedereen af, bi Braatwust un Suerkruut sik ok noch 'n Vördrag över en »rotte Lebber« antohören. Man dor weern jümmers welk, de dat nipp un 'nau weten wulln un de dor ok noch ehrn egen Semp togeven kunnen.

Nett weer dat ok an den Disch, wo de Lüd düt un dat nich eten dröffen – oder egentli överhaupt nix eten schulln. Se deen dat avers liekers; denn vun wat mutt de Minsch jo leven, nich? Wenn dat to 'n Sluß Schokoladenies mit 'n örnlichen Hümpel Slagsahn geev, denn weer 't düdli to sehn, wo dat slechte Geweten eerst recht Appetit maakt!

Un liekers geev dat jümmers Lüd, de mit all de Punnen prahlen deen, de se al afnahmen harrn. Ik heff mi jümmers överleggt, wo de woll vörher versteken weern; denn ehr Kledaschen seten jümmers noch bannig stramm; dor harr een ok keen Pund mehr in ünnerbringen kunnt. Man över Diätvorschriften heff ik 'n ganzen Barg lehrt; ik heff bloots nümmer to sehn kregen, wat so'n Diät ok helpen deit.

Nu is dat jo nich so, dat ik bloots wat vun Krankheiten hört heff. Wenn ik alleen op de Bank in'n Kurpark seet un mi vun all den medizinischen Kraam mal utrohn un lever de lütten Vageln tohören wull, denn duer dat gar nich lang, dor sett sik een to mi. Oh, wat heff ik för Geschichten vun heel nette, man ok vun heel dösige Dokters hört! Mal vertell mi en junge Fru, se harr al 'n ganze Reeg Dokters dörchprobeert, un all harrn se dat verkehrt maakt. Du leve Tiet, dat weern jo woll all Schosters west! Ik fraag ehr, warüm se sik denn nich sülven kureert harr, wo se doch allens beter wüßt as düsse Dösköpp. Se harr dor man nich op studeert, meen se, un dröff jo keen Rezepten utschrieven. Ach so . . .

Na, wenn ik anner Jahr noch mal to Kur mutt, denn schall mi dat ganz recht sien. Dat ward nich lang duern, un ik kann mit all de Dokters konkureren. Wenn dat so is, as de Lüd jümmers vertellt, denn is dat jo ganz eenfach.

GÜNTER HARTE

Postgeheimnis

Wenn mien Grootvadder fröher vertell – dunn leev he noch – do höör ik ümmer nipp to. Blots, ik wuß niemaals genau, kunn ik dat nu glöben oder nich? Geev dat so wat? Dän de Lüüd so wat? Weer de Maler würklich so fix west, dat he den Pinsel noch opfangen kunn, den he in'n drütten Stock harr fallen laten un weer denn de Treppen dalraast? Harr de een Weert sien dunen Gäst würklich Water staats Kööm inschenkt? Geev dat de Iesenbahn würklich eerst siet hunnert Jahr? Un harr mien Grootvadder sien Vadder den Landvermeter warraftig mit Hund un Sweep von sien Wischen un Weiden jaagt?

Ik kreeg ümmer ganz grote Ohren, wenn Grootvadder so in't Vertellen keem un de Lüüd von fröher lebennig worrn. »Un *de* Landvermeter«, sä Opa, »de is naher in't Naberdörp behangen bleben, hett de tweet Dochter von Buur Delfs freet, ja un de ehr twete Jung is naher uns Breefdräger west, Detel Möller.«

»Opa, is dat de, de ümmer de Postkaarten leest hett!?«

»Richtig«, smuuster Opa denn, »de is dat. He wuß ümmer von allens Bescheed. ›Trina!‹ reep he uns Nabersch to, de ehr Söhn bi de Suldaten in Sleswig weer, ›dienen Jörn geiht dat goot, aber mit Urlaub duurt dat woll noch!‹ Oder he fraag Behnkens-Vadder: ›Wat meenst, wokeen di düss' bunte Kaart schrifft?‹ – ›Na, Broder Gerd!‹ – ›Drapen! Un wo geiht em dat dar woll in Amerika?!‹«

»Opa, aber de droff doch nich eenfach anner Lüüd ehr Post lesen!«

»Ja, egentlich nich, mien Jung. Aber de Lüüd harrn sik dar an gewöhnt. Un welk, de beter mit Peer un Ploog oder mit Hamer un Ambolt oder ok mit Backtrog un Schuber ümgahn kunnen, de leten sik von em woll ok en Kaart oder en Breef wedder opsetten – he harr nich blots en leifige Tung, man ok en flinke Fedder.«

»Ik harr aber alleen schreben, en Breef, un den dreeduppelt tobackt!« sä ik denn.

»Jaja«, meen Grootvadder, »un denn harrn Detel un de Lüüd villicht seggt, de Günner, de hett wat to verbargen, dar hebbt wi noch mal wat mit, paß op!«

An all düt müß ik köttens denken, as wi en paar Daag in de Heid Ferien möken un ik in't Naberdörp bi'n Spazeergang mal gau telephoneern müß, na Huus, na mien Kinner. Ik rin in de lütte Poststell; de weer in so'n lütt Kamer, de noch halfwegs wat von'n Wohnstuuv an sik harr. Keen Schalter, aber en smuck-olen Schriefdisch mit de utgahn Post schöön opstapelt, de Kaarten babenop, un ik harr dat Geföhl, de oll Postmeistersche harr de böberste Kaart jüst bi'n Wickel hat, as ik rinkeem.

Na, en Telephon mit so'n Tell-Klock, so'n Sekunnenfreter, steiht dar ok, ik segg de Froo Stephan mien Hamborger Nummer, se schrifft dat schöön in en Book an, dreiht de Schiev, drückt mi den Hörer in de Hand un – blifft bi mi stahn, maakt sik dar en beten to schaffen, de ganze Tiet, de ik mit mien Angehörigen snack.

Un as ik fardig bün un se mien Gebühren utrekent, fraagt se: »Wo oolt is denn Ehr Deern, dat se for de Bröder al koken kann?«

»Soßteihn«, segg ik un will na den Pries fragen, do seggt se:

»Na, dat geiht ja. De Jungs sünd doch oller, nich? Sünd de noch nich verheiraat?«

Un dat is so'n trooschüllige Neeschier, dat ik ehr antern do, ok, as se nu na mien Froo fraagt un na mien Profeschoon un na uns Quarteer. »Och, in'n Forstkroog!« nickt se un vertellt von den Weert un sien Froo un dat de Grootmodder – den Mann sien Modder – de Köök vorsteiht un op't best koken kann . . .

As se mal Puust halen mutt un ik dartwüschen kann, segg ik, ik müß nu ok wieder, un dar haakt se noch mal dar an, nem ik mit mien Dochter an't Telephon von snackt harr: »Is ja hüüt anners«, seggt se, »aber ik harr mien Deern en Tiet mitgeben for den Abend, wo se op so'n Party will!«

Ik bedank mi nu ok, sä schöön Op Weddersehn un dach: düss' Postfroo hier un Grootvadder sien Breefdräger Detel, de harrn tosamen en fein Gespann afgeben . . .

GÜNTER HARTE

Riet-mi-düchtig!

As ik bi Peter Rickert in'n Laden keem – so'n Huusstandsgeschäft is dat –, do full mi glieks op: he gung dar so stief un vorsichtig achter sienen Tresen hen un her. Anners is he so'n Kregelen: »Was darf's sein?« oder: »Wat wullt hebben?« un puttputtputt hierhengesuust un ruppsruppsrupps darhengelangt un kischkischkisch ingepackt: »Noch wat?«

Hüüt gung dat allens man suutje un piano »Ja, bitte!« un »Sonst noch?«, un rögen dä he sik meist as »in Zeitlupe«.

»Wat is mit den mallöört?« dach ik grad so bi mi, do dreih Peter sik jüst na de Regalen mit de Schruben un Nagels un Besläge un Kraams üm, un do maak ik grote Ogen: ünner Peter sien Jack kröóp, as en witten Steert, en Elektro-Kabel rut. Mi verslöög dat eerst reinweg de Spraak; ik böög mi en beten öber de Toonbank un keek: de Snoor leep dree Meter na rechts na 'n Steekdoos.

»Nee so wat!« reep ik denn. »Besorgst du di Elektroschocks, Peter, oder wat?!«

Rickert dreih sik en beten gau von't Regaal her, un »Haaauh!« flöög dat ut em rut; he greep mit een Hand na achtern un vertrock dat Gesicht. Deen meen he: »Elektroschocks! Du büst en smucken Jung! Dat Rieten heff ik. Heff woll Tog in't Krüüz kregen . . .«

»Oh, dat is Schiet«, sä ik, »ik kenn dat. Aber du hangst doch hier an de Steekdoos, oder –?«

»Warms is dat Beste gegen dat ›Riet-mi-düchtig‹!«

»Un so'n Plaaster?« fraag ik.

»Kann ik op de Huut nich af. Un nu heff ik mi so'n Heizküssen ümbunnen – au! –« Wedder harr sik verkehrt dreiht, dat schööt em von'n Rüüch in de Been, un he müß sik fasthollen. Denn fraag he den Kunnen, de grad an'n Törn weer: »Noch wat?«

»Twee Muusfallen«, sä de. Binah harr Peter sik bückt, besunn sik aber grad noch un leet den Kunnen achtern Tresen kamen: »Kiek mal dar ünnen in de Schuuv, ja, dar, nimm mal twee rut!«

Naher stütt Peter sik mit een Hand an de Kass' af, mit de anner tipp he vorsichtig de Priesen in, un ok dat ›Ratschringeling‹ von de Kass' keem wat tögeriger as anners rut.

»Warum leggst di nich to Huus hen un kureerst di ut? Büst du giezig oder mißtroosch mit dien Lüüd?«

»Och wat! Werner hett Urlaub un de annern beiden kann ik dar nich alleen vor sitten laten, morgen is ja ok Sünnabend, denn pleeg ik mi dat weg. – Wat wullt du hebben?«

»Enen Äxtsteel!«

»Tjä, denn mööt wi na achtern gahn!« Dar hett Peter sien Lager. He treckt nu den Stecker ut de Steekdoos, geiht mit mi stief na achtern, un dar stickt he den Stecker glieks wedder in en Steekdoos: »Warms is dat Best'!« seggt he dar noch bi. Wi kiekt nu tosamen eerst na'n Äxtsteel, denn fallt mi noch de tweie Glaszylinner for de Peterleumlamp in.

»De sünd dar bi de Toonsaken!« wiest Peter un tappt dar lang. Un »Haaaaauh!« geiht dat wedder; dütmal harr he sik nich unvorsichtig dreiht, nee de Elektrosnoor reck nich so wiet un ruck em op 'nmal so dull op'n Placken, dat he meist tosamenknickt weer. Dat sehg woll putzig ut; aber nu ik de Wehdaag bi'n Rieten kenn, kunn ik mi wahren un grienen. Do sä Peter: »As so'n Zegenbock an de Keed, de sienen Graskrink afgrasen sall!« Ik müß mi de Glaszylinners sülm halen, denn trocken wi wedder na vöörn, un Peter slööt sik wedder an'n Strom an.

»De beste Krankheit doggt nix, wat, Peter?«

»Nee, Mann«, gnurr he. »Denkst ja, dat warrst nie wedder los. Muchst di op't leevst mal richtig in't Krüüz pedden laten. – Aber, ik kenn dat: in dree, veer Daag bün ik dat meisttiets wedder los. Dat mutt langsam na ünnen sacken un ut de Fööt wedder rut, seggt mien Dokter.«

»Na, dat sal mi mal wunnern«, sä ik. »Aber ik wünsch di dat. Un wenn dat denn ut de Fööt rut is, laat dat man ok ut de Döör, anners kruppt di dat baben wedder rin!«

»Du Maiaap!« lach Peter un wull mi so'n beten stuppsen; dat harr he man laten sullt, denn rut keem darbi blots: »Haaaauh!«

GÜNTER HARTE

Psychologie in'n Blomenpott

Wat mit de Püschologie nich allens to maken is, ik segg di, dat glöövt een gar nich! Dat's en wiet Feld is dat!

Dar heff ik in't Blatt leest – un dat weer nich jichenseen Blatt, man een von de besten, gröttsten, eernsthaftigsten düütschen Zeitungen, un ok nich in de Suur-Gurken-Tiet, wo dar mennigmal so'n Kraams afdrückt steiht von de Waterslang Nessie oder de filtrigste Filter-Zigarett –, also, dar stunn binnen, in dat Blatt, wenn'n to Planten un to Blomen fründlich weer, denn worrn de ok beter wassen!

Wat dat mit Püschologie to doon hett? Klar doch, dat geiht hier üm dat »Seelenleben« von de Planten . . .

As ik dat mien Froo vertell, fung de an to lachen.

Ik segg: »Wat gackerst du denn? In en Oberschool in Horsham in Australien, dar hebbt twee Schölerinnen dat tosamen mit ehr Lehrerin rutkregen. Se hebbt dat allens fein opschreben un in en Studie künnig maakt; ja, een sull leber nett un fründlich to de Pottblomen un so sien, dat worr bi de goot anslagen.«

»Nu holl doch op, du flunkerst ja«, gnicker mien Froo.

»Nu holl du doch op, so wat suug ik mi doch nich ut de Finger! – De Deerns hebbt wielt ehr ganze Versökeree mit de enen Planten fründlich un mit de annern unfründlich spraken, se hebbt mit de sogar rümschimpt un hebbt ehr wat utlacht un so. Ik weet nich, wat se de eersten – de se so vortrocken hefft –, wat se de ok straakt un eiht hefft, op jeden Käs ja mit Wöör, un op de twete Soort hefft se so richtig rümmerhackt, ok mit Wöör natürlich – wecke steiht hier nich, weern ja ok engelsche –, aber bi uns worr'n villicht ›Slappsteert‹ oder ›Windbütel‹ oder ›Pottfarken‹ seggen, denk ik mi so; na, un denn laat de aber mit de Tiet de Köpp ganz schöön hangen un hefft naher keen Saff un Kraff mehr.«

»Ik glööv, dat is Tüünkraam!« meen mien Froo.

»Dat du so wat ümmer nich annehmen wullt«, sä ik. »De Känguruuschen hebbt dat doch nu sülm versocht un sülm beleevt. Un de Planten, mit de se so fründlich un vull Leev ümgahn sünd, de sünd hooch un stolt wussen un smuck opbleiht! – Ja, un ik mutt dar an denken, as wi mit negen-teihn Jahr in de Grundschool all een Bohn' von uns Frollein kregen un ehr inplant hefft, de Bohnen, meen ik – ok in'n Blomenpott, wokeen harr do naher de schöönste, gröttste Plant, de ok an'n dullsten bleihen dä?«

»Weet ik doch nich!« sä mien Froo.

»De Tafelordner, de Dirk Möller, de al as Jung ümmer so ornlich un akkraat un fründlich weer, ganz anners as wi. Un ik denk mi nu, de hett in de Paus', wenn he alleen in de Klass weer, ok so nett mit sien Bohnenplant snackt, un darüm . . .«

»Un joon Planten villicht häßliche Wöör an'n Kopp – äh: an't Blatt smeten, wat? – Nee, de hett sienen Pott woll beter pleegt as ji Dribers!«

»O nee, o nee, mien Froo! Du weetst doch, wenn du to en Kind fründlich büst un eihst un versteihst dat – dat ward froh groot; un wenn dat keen Leev kriggt un keeneen quält sik dar üm – denn, na: Hospitalismus, weetst Bescheed? – Un mientwegen en Deert, wenn dat goot behannelt ward, denn is dat ok veel beter to hebben un hett keen Komplexe un so . . .«

»Un nu kaamt de Planten«, sä mien Froo do. »Nu weet *ik* wat: Hest du al sehn, wo kümmerlich un spiddelig uns Bohnen över Jahr in'n Gaarn staht? Gah mal na buten un spreek ehr goot to, villicht, dat se sik denn noch besinnt!«

Tschawoll, un dat warr ik nu maken; keen böös Wort – as so'n fründliche Grootmodder will ik mit jem snacken; mal sehn, wat de australischen Deerns nich doch recht hefft . . .

CARL HOLM

Der Fliegenwirt

Hell lag die Morgensonne auf dem unebenen Pflaster des Kehrwieder. Es war noch früh am Tage – zwischen fünf und sechs Uhr morgens – und ziemlich kühl. Mitten auf der Straße zankte sich ein halb Dutzend Spatzen um einen Strohhalm. Ihr Tschilp! Tschilp! klang so laut und frech, als wüßten sie, daß sie Herren der Gasse seien. Um den Mann ein paar Schritte von ihnen kümmerten sie sich nicht im geringsten.

Da stand der Gastwirt und »Deslatör« Klas Köhnke in Hemdsärmeln in der offenen Tür seiner Wirtschaft, die Hände tief in den Hosentaschen vergraben, blinzelte über den blinkenden Wasserspiegel des Binnenhafens und pfiff leise vor sich hin »Ach, du lieber Augustin!« Vom Wasser her schallten die Zurufe der Ewerführer, drüben, an den Kajen, waren Stein- und Torfträger beim Löschen, auf einem Ewer bei der hohen Brücke fierte man den Mast wieder hoch. Man hörte trotz der Entfernung ganz deutlich das Knarren der Taue und das Schelten des Schiffers, dem die Sache nicht rasch genug ging. Nun klapperte Blechgeschirr, ein Hund bellte, Karrenräder holperten übers Pflaster. Die Spatzen räsonierten und schimpften lauter, einer von ihnen flog mit dem erbeuteten Halm auf die nächste Dachrinne, die andern auf die Kante des Bollwerkes. Um die Ecke beim Wilhelminenbad kam der Milchmann.

»Morgen, Klas Köhnke!«

»Morgen, Klas Klasen! Auch schon 'n büschen munter?«

»Wo veel sall't sin?«

»Mudder!« rief Köhnke in die Tür, »de Melk!«

Mudder, eine behäbige, peinlich sauber gekleidete Frau, erschien mit zwei Töpfen in der Hand.

»Morgen, Melkmann! So as gewöhnlich. Hebbt Se ok Bottermelk?«

»For zwei Schilling Süßmilch un for'n Soßling Rohm.« Klasen füllte das Quantum in die zwei Töpfe. »Jawoll, Bottermelk is ok dor – ganz frisch von die Kuh!«

Frau Köhnke lachte. »Denn gebens mi noch för dree Soßling Bottermelk. Ik will eben 'n Pott hol'n.«

»Klas Klasen, darf ich Ihnen zu'n kleinen Pfeffermünz einladen?«

»Wenn Sie so gut sein wollen, Klas Köhnke! Aber ers das Geschäff un denn das Vergnügen!« Er füllte Frau Köhnke den Topf mit Buttermilch und folgte darauf dem Wirt ins Haus. Man trat von der Straße direkt ins Gastzimmer. Auf den sauber gescheuerten, noch feuchten Dielen knirschte der Sand unter den Füßen. Vier braungestrichene Tische mit einer entsprechenden Anzahl einfacher Rohrstühle waren in dem mäßig großen Raum verteilt.

In der Ecke beim Ofen tickte schwerfällig eine buntbemalte Wanduhr mit messingenen Zeigern und blanken Gewichten. Von der geweißten Decke baumelte ein Straußenei herab, nicht weit davon das Modell einer Brigg mit voller Takelung, das wohlgelungene Werk der Mußestunden des früheren Fahrensmannes Klas Köhnke. Die Rückwand des Zimmers nahm das breite Reol ein mit vielen Flaschen und Gläsern – alles blitzend vor Sauberkeit.

»Besanschoot an!« sagte der Wirt, nahm zwei Spitzgläser und füllte sie aus einer dickbauchigen Flasche.

»Handel un Seefohrt!« toastete Herr Klasen.

»Woter un Melk!«

Der Milchmann kniff das linke Auge zu, kippte sein Gläschen hinunter und sagte dann: »Wie soll ich das verstehn, Herr Klas Köhnke?«

»Oh, doch man so, Herr Klas Klasen! Leben un leben lassen! Nix for ungood!«

»Nix for ungood! Na, adjüs Klas Köhnke!«

»Adjüs, Klas Klasen!«

Die Karre mit Milchmann und Hund verschwand unter lautem Geklapper.

Vier Kohlenjumper trapsten schwer ins Lokal und setzten sich um einen der Tische.

»Morgen, die Herren!«

Die vier Herren mit den kohlengeschwärzten Gesichtern grinsten, daß die weißen Zähne leuchteten.

»'n Tass' Kaffee för mi!«

»Mi ok!«

»Mi ok een!«

»Und Sie, Herr Amandus Warnke?«

»Mi en Grog!«

»Mandus! Mandus! Din Näs lücht all as'n Füerkiek! Kaffee weer di beter!«

»Dor quäl di man nich um!«

»Drei Tassen Mokka un ein Grog!« sagte der Wirt. »Von Rum?«

»Von Rum – un nich toveel Woter!«

»Schön! Mudder, dree Tassen Kaffee un 'n lütten Pott koken Woter!«

Köhnke mischte den Grog, nahm den Kaffee von seiner Frau in Empfang und brachte alles seinen Gästen. Es kam noch einer.

»Sieh da! Herr Johann Hinrich Christian Schulze! Willkommen ins Lokal!«

»Dag, Köhnke! Kann 'k 'n Tass' Kaffee kriegen?«

»Kannst du, min Jung! Wat mokst du denn 'n Gesich as'n Pott vull Müs? Is dich 'ne Laus über die Leber gelaufen, mein Krischan?«

Christian Schulze antwortete nicht; den Kopf auf die Hand gestützt, rührte er tiefsinnig in seiner Tasse.

»Dor hew ik doch gestern lachen mußt«, erzählte einer der Kohlenjumper. »Ik hol min Olsch 'n Growbrot von Grolmann op de Mühren un stoh noch 'n beten un klön mit em, mit den Ol'n. Dor kummt so'n lütten Driwer von 'n Johrener acht oder negen rin un seggt to den Bäcker: ›Hebbt Se noch for fiew Schilling ole Runstück?‹ Buten steiht 'n ganzen Hümpel Jungs un drückt sik de Näsen an 'n Schiew breet. De ol dicke Grolmann socht nu all sin Runstück tosam und pust un achelt dorbi as'n Damper. Endlich hett he sin ganzen Platen vull un will se den Jung in'n Korw schüdden. De ober geiht rüggwarts an'e Dör un grient un seggt: ›De warden Se hüt ok nich mehr los!‹ Un rut is de Slüngel – un de ganze Bande neiht ut. Un Grolmann steiht mit den Platen vull Runstück un hett dat Mul wiet open. Wat hew ik lacht!«

Die Zuhörer lachten auch. Sogar Christian Schulze am Nebentisch griente ein wenig. Der Wirt setzte sich zu ihm.

»Wo is es denn mit Meincke?«

»Essig!«

»Wo so? Ik mein, du büst mit Lina Meincke einig!«

»Mit Lina – jo! Ober mit em –«

»Na?«

»He seggt, he mag mi woll liden, ober 'n Snurrer kann he nich bruken. Wer sin Lina hebb'n will, mutt bi em intreden.«

»Denn doh dat doch!«

»Ja, mi nich toweddern – ober sin Swigersöhn sall Geld in't Geschäff steken – dusend Mark Krant!«

Köhnke spitzte die Lippen und pfiff leise sein Leiblied.

»Dat weet ik ok so, Köhnke! Hut is weg – Stock is weg – Augustin selbst im Dreck! Wo sall ik dusend Mark herkriegen?«

»Un dein Unkel, der reiche Herr Topfferkel?«

»Puttfarken rückt nix rut!«

»Bei Meincke is das Geld doch sicher!«

»As in de Bank! Ober – na, du kennst jo Puttfarken!«

»Ja, ich kenn ihm. Wenn er'n Glas Bier trinken will, bestellt er sich zweimal 'n Snitt. Er meint, denn gibt das mehr for's selbe Geld.«

Köhnke pfiff leise weiter, Christian Schulze rührte in der leeren Tasse, die Kohlenjumper hatten ihre kurzen Tonpfeifen angezündet und qualmten und lärmten um die Wette.

»Du, Krischan – ich will dich mal was sagen!« Der Wirt lehnte sich über den Tisch und flüsterte seinem Gast etwas zu. Der beugte sich weit zurück und starrte Köhnke an, als ob er an seinem Verstand zweifelte.

»Du?! – Hest du denn dusend Mark ligg'n?«

»Minsch, brüll' nich so! Noch nich – aber heut' is die Ziehung – heut' abend hab' ich was!«

»Un du wullt mi dat wörklich geben! Minsch – Köhnke –!«

Der junge Ewerführer war aufgesprungen. Der Wirt zog ihn wieder auf den Stuhl zurück.

»Hab' dir man nich so, Krischan! Ich leih' es dich ja bloß – un du gibst mich 'ne anständige Zinse – keine Judenzinsen – aber so'n $4^1/2$ bis 5 Prozent – nich wahr, Krischan?«

»Dat versteiht sik! Ober Köhnke – wonehm hest du –?«

»Dor quäl' di man nich um, min Jung! Komm du man heut abend

Klock söben her, wenn der Stammtisch da is. Meincke is denn auch ümmer dabei. Denn mokt wi de Sok richtig!«

Er schüttelte Christian Schulze die Hand, und dieser ging. Gäste kamen und gingen, bis gegen Mittag der Besuch nachließ. Als niemand mehr im Lokal war, langte Köhnke die Schiefertafel von der Wand und begann zusammenzuzählen. Bald legte er den Griffel nieder und sah zweifelnd seine Rechnerei an.

»Fünf un ein sind soß – un zwei sünd acht – dottein – söben un twintig – verdori noch mal!«

Er kraute sich mit der Rechten hinterm Ohr. Noch einmal machte er sich daran – umsonst!

»Mudder, 't stimmt wedd'r nich!«

»Wat stimmt nich?«

»Mit die Lütt un Lütt.«

»Na, wies mal her!«

Sie nahm die Tafel und überblickte die Hieroglyphen.

»Dor kann ik mi ok nich ut vernehm'n. Mit din Rekenkram is't man swach, Vadder! Dat's ja all een Kuddelmuddel! Dat schriew man noch mal op!«

»Was soll ich mir da lang an ärgern!« Er hängte die Tafel an ihren Platz, verschwand im Hinterzimmer und kam bald danach wieder mit Rock und Hut.

»Wullt du utgohn, Vadder?«

»Jawoll, mein Süßing! Zu Middag bün ik wedd'r hier.«

»Wonehm wullt du denn –?«

»Verzähl ich dich nachher, Mudder! Adjüs!«

»Adjüs, Klas! Kumm man nich unner'n Torfewer!«

Herr Köhnke ging und kehrte richtig zur Mittagszeit wieder. Gäste waren nicht da. Ohne Rock und Hut abzulegen, ging er in der Wirtsstube auf und ab und pfiff sein Leiblied. Seine Frau hantierte hinten in der Küche. Schließlich rief er sie.

»Siehst du mich gar nix an, Mudder?«

»Du hest jo noch Rock, Hot un Stebeln an!«

»Weiter nix?«

»Nee – wider nix!«

»Mudder! Von heute an gehören wir zu die Renntiere!«

»Du – ik hew keen Tid – besinn di man ers!«

»Mudder, lauf nich weg – ich hab' –«

»Du hest 'n lütten Zacken, Klas!«

»Mudder – wi hebbt wat wunnen!«

»So? Hest du denn speelt? Du büst dor doch sünst nich for!«

»Un dennoch! Ich hab' es getan – un wi sünd schön rut!«

»Na, na! Woveel is't denn? Mehr as hunnert Mark Krant?«

»Hunnert Mark Krant! Dor lach ik öber!« Er nannte eine Summe.

Die Frau griff sich an den Kopf und setzte sich dann schnell auf den nächsten Stuhl.

»Klas! Klas – is dat wohr?«

Er strich ihr mit der rauhen Hand zärtlich über den glatten, grauen Scheitel.

»Min ol seute Deern! Ja – es is wohr!«

»In de Hamborger Lotterie?«

»Nee – in die Braunsweiger.«

»In de Braunsweiger!« Sie holte tief Atem. »Op wat for'n –?«

»Nummer zweiundvierzig.«

Die Frau schrie auf. »Wat for'n Nummer?«

»Tweeunveertig – wat hest du di?«

Sie antwortete nicht, schlug ihre Schürze vors Gesicht und brach in Tränen aus. Erst allmählich beruhigte sie sich, wollte aber nicht sagen, warum sie geweint, wußte es auch selbst wohl nicht. Der unerwartete Glücksfall – Köhnke hatte auf ein halbes Los einen Hauptgewinn und die Prämie gewonnen – erklärte ihre Erregung ja zur Genüge. Den ganzen Nachmittag ging sie wie im Traum umher.

Der Wirt hatte seinen Gleichmut nicht eingebüßt; er bediente seine Gäste, als ob nichts Besonderes passiert sei. Abends gegen halb sieben füllte sich auch der Stammtisch, ein altes, rundes Möbel in der Ecke beim Ofen unter der Wanduhr. Da saß der kleine hagere Segelmacher Sievers mit den teergefärbten hornigen Händen, der meistens stillschweigend zuhörte, wenn die anderen erzählten, und nur alle paar Minuten ein heiseres Knurren ausstieß. »Knurrhahn« war sein Spitzname.

Ihm gegenüber hatte der Ewerführerbaas Meincke Platz genommen. Er war so breit wie zwei Menschen gewöhnlichen Schlages und hatte ein Paar Fäuste »as'n Poor Waschhölter«, wie seine Kumpane sagten. Wegen seiner Bärenkräfte war er an der ganzen Wasserkante bekannt. Zum Lachen war's, wenn er den Mund öffnete. Man meinte, ein mächtiger Baß müsse erdröhnen, und dann kamen ganz feine, piepsige Laute aus dem dicken roten Gesicht. Außerdem waren heute abend noch da der Krämer oder, wie er sich lieber nennen hörte, Kolonialwarenhändler Buttkopp, Malermeister Unverzagt, Zimmermann Heinßen und Rentier Puttfarken. In einem bequemen Stuhl neben dem Ofen lehnte Bäcker Grolmann, die lange Pfeife im Munde, die Augen geschlossen. Er war in Hemdsärmeln und trug gestickte Morgenschuhe an den Füßen. Alle hatten ein dampfendes Glas vor sich.

»Hest all hört, Köhnke? De Aurora is bi Schaarhörn oplopen!«

»Se is all wedd'r af, Meincke! Käpp'n Soltmann von de Neptun weer von morgen hier. So hebbt ehr bi Hochwoter afslepen kunnt.«

»Gott! De armen Lüd!« sagte Frau Köhnke, die mit einem Strickstrumpf hinter der Tonbank saß. »Wat de woll utstohn hebbt! 's Nachens is dat noch bannig frisch!«

»Ja, ja, Madam Köhnke! Hier is es kommoder as in'n Torfkorb auf die Elbe vor Cuxhaven!« rief Puttfarken und nippte an seinem Glase.

»Rrrr–m! Rrrr–m! Wat du dorvon versteihst, Puttfarken!«

»Was? So wie ich, Sievers? Wenn du meinst –«

»Laß ihm, Puttfarken!« beschwichtigte Heinßen. »Wir wissen ja, daß du alle Sommer die alte Liebe besuchst.«

»Was, alte Liebe! Auf See bin ich gewesen, so gut as einer hier! Das war Anno dreiundfoftig –«

»Rrrr–m, Rrrr–m! Mit'n Ledderwogen noh Neewark röber!« Sievers lachte leise in sich hinein, die anderen, außer dem geärgerten Rentier, stimmten laut und fröhlich ein. Köhnke stand, die Daumen in den Ärmellöchern der Weste, neben dem Stammtisch und griente still.

Da wurde die Tür aufgerissen. Ein kleiner hagerer Mann mit dünnem Knebelbart in dem schmalen Gesicht stürmte herein, packte Köhnke am Hemdärmel und meckerte: »M–hä–hä! Was is das Köhnke? Es is ja woll nich zu glauben! Oder is es doch so? Du sollst ja 'n forchtbaren Haufen –«

»Sett di dol, Frier! Sett di dol!« Er drückte den Schneidermeister auf einen Stuhl am Tisch.

»Ja, aber –« wehrte sich dieser.

»Mudder! Mach' Frier mal 'n kalten Umslag!«

»Nee, Madame Köhnke! Denn lieber 'n heißen Grog!«

»Das is recht, Frier!« Köhnke plinkte ihm zu. Der Erregte stieß noch ein paarmal sein »M–hä–hä!« heraus, rollte mit den Augen und horchte auf, als ihm der Wirt ein paar Worte zuflüsterte und auf Grolmann wies.

»M–hä–hä! Sehr gut! Ausgezeichnet! Du, Grolmann! Er släft schon wieder. Du – Grolmann! Hör mal!«

Ein dumpfes Grollen – wie Schnarchen – tönte aus der Ecke beim Ofen. Heinßen, der neben dem Bäcker saß, gab ihm einen Rippenstoß.

Grolmann schnappte ein paarmal mit den Lippen, sog an der Pfeife, stopfte die Asche mit dem Daumen nieder und öffnete langsam die Augen.

»Na, nu kommt er ins Leben!« rief Buttkopp.

»Du, Grolmann!« meckerte wieder Frier. »Woviel alte Rundstück gibst du for fünf Schilling?«

Der Bäcker pustete eine dicke Rauchwolke gegen den Frager und knurrte etwas, das wie »dumme Jungs« klang.

»Wat seggst du?« piepste Meincke und setzte eine Riesenfaust auf den Tisch. »Dumme Jungs! Lang em mi mal röber, Heinßen!«

»Dir mein ich nich, Meincke!«

»Ach wat! Hier sitt keen Jungs an'n Disch!«

»Dat brukt wie uns nich gefall'n to loten!«

»Uns meint er ja gar nich!« rief der Wirt lachend. »Er meint die Jungs von gestern!« und erzählte die Geschichte. Alle lachten über den dicken Bäcker, der bequem in der Ecke saß und paffte.

»Dafor muß er 'ne Runde geben, daß er sich so hat ansmieren lassen!«

»Fallt mi in'n Drom nich in!«

»Laß man, Kinners! Die Runde gibt Meincke. Un denn finden sich woll noch mehr, die ein ausgeben!«

»As ik, Klas Köhnke? Worum dat?«

»As Swiegervater!«

»Wat? Ik? I, dor sall denn doch –!«

»Krischan, komm mal raus dor achtern! Komm mal an Deck!« rief Köhnke.

Der junge Ewerführer kam zum Erstaunen der Gäste aus dem Hinterzimmer und trat an den Tisch neben Meincke.

»Wat wullt du?«

»Ik will din Lina, Meincke!«

»Wat! Hew ik di nich seggt –?«

»Jawoll! Un hier is dat Inspringelgeld!« Er legte ein Bündel Kassenscheine vor Meincke auf den Tisch. »Tell noh, Swiegervadder!«

Meincke blätterte in den Scheinen.

»Richtig dusend Mark! Junge – Krischan, wo kummst du to dat Geld?«

»Is dat richtig?«

»Dat woll – ober –«

»Hest du nich seggt, wenn ik di dusend Mark optell, kunn ik din Lina kriegen?«

Meincke kraute sich den Kopf.

»Na?«

»Denn helpt dat nich!«

»Un to Pingsten is Hochtid!« drängte Schulze.

»Mintwegen!«

»Un der ganze Stammtisch is geladen!«

»Hurra!«

»Ein Hoch for die Brautleute!« schrie Frier. »Nu mußt du doch ran, Meincke!«

»Na – denn man to!«

Eine Runde erschien, und feierlich wurde das Wohl der Verlobten ausgebracht. Grolmann, der die Sache nur halb verstanden hatte, ließ sich von Heinßen den Zusammenhang noch mal gründlich erklären, nickte dann Meincke zu, trank einen tiefen Schluck und schloß wieder die Augen.

»Nu segg mal, Krischan, wo hest du dat Geld her?«

»Dat kann ik di nich segg'n, Meincke!«

»Dat kannst du nich segg'n?«

»Nee!«

»Krischan! Krischan! Wenn de Sok nich reinlich is –«

»Man ümmer sinnig, Meincke! Das Geld hat er von mich!«
»Von di, Klas! Un wo kummst du –?«
Frier fuhr wieder in die Höhe.
»M–hä–hä! Das sag' ich man! Hab' ich nich gleich gesagt –?«
»Sett di dol, Frier! Ich will euch das man selbst verzählen. Ich hab' mich 'n Los genommen un hab' da 'n büschen auf gewonnen. Das is allens!«
»Dausend Märk – un das nennt er 'n büschen!«
»Na – es is noch 'ne Kleinigkeit mehr. Sonst hätt' ich Krischan das nich leihen können.«
»'ne Kleinigkeit!« Puttfarkens Augen traten fast aus dem Kopf. »Kinners! Kinners! Was hat so'n Fliegenwirt forn Glück! Ich spiel' nu all die langen Johre – was sag' ich? – Johrenden spiel' ich meine drei Viertel in drei Lotterien – un nie nich mehr as den Einsatz! Un dieser Köhnke nimmt einmal in sein Lebend ein Los – war es ein ganzes, Köhnke?«
»Nee, ein halbes, Puttfarken! Ich möcht' wissen, wer die annere Hälfte hat.«
»De hew ik, Vadder!« sagte Frau Köhnke gelassen.
»Du –! Heiliges Kielswein noch mal! Un davon sagst du nix, Mudder!«
»Du ja ok nich, Vadder! As de Lotteriejud, de di dat halwe Los besorgt harr, vörn bi di rut gung, keem he bi mi achtern wedd'r rin un snackt mi dat anner halwe Los an. Un nu hebbt wie de Bescheerung!«
Na, das gab ein Hallo! Aber alle – vielleicht mit Ausnahme des etwas »nährigen« Puttfarken – gönnten den beiden den Glücksfall. Neue Runden wurden angefahren, immer abwechselnd für Rechnung von Meincke und Köhnke. Es wurde sehr fidel. Schließlich rief Frier: »Na, nu verzähl aber mal, Klas Köhnke, wie du dazu gekommen bist! Du spielst doch sonst gor nich!«
»Ja, das sag man mal, Frier! Das is 'ne ganze Geschichte.«
»Rrrr–m! Rrrr–m! Man rut dormit!«
»Hiev Anker, Klas!«
»Das war nämlich so«, sagte Köhnke und lehnte sich bequem gegen die Tonbank. »As ich noch Fahrensmann war, schenkt' mich mal mein Maat Hannis Beger – du hast ihm ja auch gekannt, Meincke, nu is er all

lang dod –, na, der schenkt mich mal zum Geburdsdag ein altes Traumbuch, weil er es doch nicht brauchen könnte. Denn er träumt' ümmer so viel, daß ihn manchmal ganz biesterig dabei wurde. Ich könnt' es auch man schlecht brauchen; mich träumte nie nix. Aber Hannis sagte, das Buch könnt' mal mein Glück sein – un so kam es.«

»Woso denn dat?«

»Ja, Kinners, ihr fragt auch zuviel! Laßt ein doch ruhig das Garn ausspinnen! Letzten Winachen hatten wir doch die Karpenmahlzeit hier – un die Nacht konnt' ich man slecht slafen. Un so gegen Morgen, as ich 'n büschen indusselt bin, da träumt mich, daß ich hier in meine Wirtsstube steh' un denk' an gor nix. Da kommt eine große Sieben –«

»'ne richtige Söben?« fragte Meincke.

»Ja, Meincke, 'ne richtige, ausgewachsene Sieben – die kommt in die Tür un achter ihr nach sechs annere Siebens un setzen sich hier an den runden Stammtisch.«

»Na – un da?«

»Un da wacht' ich auf. Un Mudder sagt noch, Klas, sagt sie, wat stöhnst du in'n Slap as'n Püster, wo de Wind rutgeiht! Un ich denk' mich noch gor nix dabei. Un's Nachmiddags, wie ich in mein Schapp was such', fällt mich das olle dämliche Traumbuch in die Finger, un ich slag es so verloren auf und lese: Man setze die geträumte Nummer in der Lotterie!«

»Un dor hest du op Nummer Söben sett?«

»Nee, so dumm war ich nich, Meincke! Denn da stand auch noch: Träumt man mehrere Ziffern, so setze man auf der Summe.«

»Auf der Summe? Welche Summe?« rief Puttfarken. Er hatte beschlossen, auch schleunigst den Versuch zu machen.

»Rrrr–m! Rrrr–m! Wat for'n Nummer hest du denn speelt, Klas Köhnke?«

»Zweiunvierzig!«

»Tweeunveertig! Verstah ik nich!«

»Kinners! Das is doch so einfach!« sagte Köhnke überlegen. »Denkt doch mal 'n büschen nach! Seht mal – erst kam eine Sieben 'rein und denn noch sechs annere Siebens. Un sieben mal sieben is doch zweiunvierzig!«

HANS HENNING HOLM

Dat Musenorakel

Mehrstiets sünd Vadder un Mudder dat, de de Berufsweichen no de Tokunft rin för ehr Kinner stellen doot. Wenn wölk Kinner noher marken doot, datt se in een falschen Zug sitt oder in een verkehrte Richtung föhrt, is dat foken al to loot, noch um- un uttostiegen. Dor is denn al toväl Tiet verspillt, de Lehrbranche oder dat Studienfach noch to wesseln.

Vun ganz wenige Öllerhüs ut obers gifft dat een direkt Anschlußgleis no de Lehrwarkstääd »Kunst« rin. De aller-, allermeisten Künstlers, de Musikers, Molers, Dichters, Sängers, Schauspälers, Dänzers un Akroboten sünd irst no een groten Umweg op ehr Lebensgleis komen, wo se denn ok op bleben sünd. Wat wor dat doch för een armselig Leben för uns all, wenn dat de doren Berufe, de ick eben optellt heff, nich geben dee!

Dat gifft je nu obers ok Lüd, de rääkt so een Künstlerberuf – as rejelle Arbeit – för nix. Düsse Lüd sünd je ok keen Räkenkünstlers för't Varieté, nä, dat sünd Räkenmeisters för't Kontor, de bi Adam Riese lehrt hebbt un nu op Compjuters ümstegen sünd. Een vun de Oart Minschen kenn ick ok.

Dat is nu al'n Reeg vun Johren her, do weur ick bi den Koopmann Boysen to Kinddeup inloodt. As wi dor nu so, mit de Glöös in'e Hand, rümstohn doot, seggt denn ok bald een vun de Gäst to den jungen, stolten Vadder: »Na, wat schall de Lütt denn mol warrn?« Boysen senior kiekt den Froger an, as wenn he seggen wull: Na, so dusselig kannst ok du bloß frogen! Obers he stammt je ut de Pöseldörper Haute Volaute mit de ehr vörnehme Oart, un so seggt he denn ok heel geruhig: »Wi hoolt op Traditschoon! Bi uns in de Familje hett dat man jümmers twee Slag Minschen geben: de Vernünftigen, un dor tellt wi echten Boysens uns to, de sünd alltohoop Kooplüd worrn, un de poar wenigen annern – de tellt bi uns nich mit, de hebbt wi nich op de Räken, denn de hebbt sick as Kummedimokers, Vigellinschrubbers, Drohtkommodenklimperers un Beukerschriebers dörch dat Leben hungert. De Slag sall mi dropen, wenn de Lütt dor, mol no düsse düstere Afsieht vun't Leben hen utoarten deit! Obers dat ward wiss un warraftig nich passiern, so wohr, as ick Percy Boysen heten do!«

Do sä Konsul Pieper: »Bi uns tohus, in Bremen, mookt wi bi so een Gelegenheit vun een Kinddeup jümmers de Prov op de Tokunft, man dor bruuk ick een Book un een Geldstück to!«

»Dat kannst kriegen!« sä de junge Vadder, trock de Knipp up de Büxentasch, lang Pieper een Fiefmarkstück hen un mook sick denn op'n Weg no de Bibliothek, üm sick ut de Bökerreegen een Book ruttoangeln. As he wedder trüchkomen weur, heel Konsul Pieper den lütten Krabauter dat Book un dat Geldstück vör de Stupsnäs, un de strampelige Pusbackenengel greep denn ok glieks no – dat Book!

»Ein Musenkind!« sä Konsul Pieper, un wi klatschen alltosomen luden Bifall; bloß Percy Boysen nich. So bedachtsom, as sick dat för een hanseotischen Koopmann heuern deit, sä he: »Afteuben.«

De lütte Boysen vun do is nu al so wat an de Twintig rankomen. Jo, de Tiet, de löppt. As ick annerletzt mol mit Boysen senior bi een Glas Grog sitten do, do segg ick: »Wölk kriegt mit de Tiet griese Hoor, un wölk hebbt no'n Reeg vun Johrn bald gor keen mehr optowiesen, so as ick. Du obers hest dien griesen Hoor je nu bestimmt nich dien Söhn to verdanken, so een goden Koopmann, as de nu al is!«

Boysen senior kiekt mi verwunnert an un seggt: »Harrst du denn wat anners öberhaupt för meuglich hooln?!« – »Na ja«, segg ick, »– wenn dat no dat dore Musenorakel gohn weur, denn . . .« Wieder koom ick nich, denn Boysen senior swunkt mit de Hand dörch de Luft, as wenn he dor wat afsnien will, un seggt: »Ach wat, dumm Tüüg, wi Boysen goht doch bi keen Gelegenheit een Risiko in. De Jung weur doch ok nich mien Söhn wesen, wenn he domals no dat lusige Fiefmarkstück un nich no den Hunnertmarkschien grepen harr, den ick vörher, in de Bibliothek, noch gau in dat Book rinpraktiziern dee!«

Wi stätten mit de Groggglöös aneenanner, sään »Prost!« un drunken op den ehrboren Koopmannsstand; ick obers dach: Ja, ja, ja – so ward in Hamborg de Minschheit üm ehr groten Dichters bedrogen . . .

HANS HENNING HOLM

De düre Bruutfoart

Nä, nä, de dore Deern, de slaag di man ut'n Kopp, min lewe Klaas! – sä Hinnerk Thams in Barsdörp to sin Söön, as de em wat vun Trina Butenschön vertellen wull.

Klaas kenn sin Vadder: wenn de Ool mal »Nä!« seggt harr, weer't ut un vörbi as mit de Osterblomen to Winachen. De Trina weer een heel patente Deern, man se harr in Hinnerk Thams sin Oogen likers een groten Fehler: Se harr ni recht wat in'e Melk to krömen, un datt kunn Hinnerk afsluuts ni utstaan!

Nu seet Klaas mit'n dicken Kopp un dünne Geldknipp bi to öwerleggen, wosük un wodenni he sin Ooln een anriten kunn! Miteens schoot em dat dör'n Brägen – ja, so kunn he em krigen un em den Dumen vun den Büdel slaan! Jümmers lang bi de Arbeid un kott bi Kass, dat weer em all lang ni mehr na de Mütz wesen.

Du, Vadder! sä Klaas eens goden Dags to sin Vadder – mit de Trina is dat ut un vörbi! Weetst wat? Ick kööp mi'n Motorrad un söök mi'n annere Bruut! – Hinnerk Thams sluck een parmal dröög dal un dach: Wenn de Klaas sick mit dat düre Motorrad een rike Bruut ranfrigen kann, denn kannst dat mal driest riskeern, mit de Wuss na'n Schinken to smiten!

Na'n Joarstied keem Klaas wedder an'e Kaat, man he harr ni funnen, wat de Ool sick wünschen dee. De Ool harr Klaas banni op'n Kieker, wat dat himmlische Wahnungsamt em na jümmers die Trina Butenschön as Inloschierersch in'e Hartkamer towiest harr, un dat maak Hinnerk Thams asige Koppien. As Klaas em inst mit den Snack kamen dee, he schull man mal deepe Insichten hebben, doar sä de Ool wrantig: Ach wat, deepe Insichten! Wenn ick de hebben will, kiek ick in' Soot, denn heff ick wölk. Awers wo is't mit'n Utsicht op'n Swigerdochter? Ick kaam all so bilütten an'e ole Kant!

Ick heff mi dat öwerleggt, Vadder! Ick heiraad de Anna! – sä Klaas miteens, un dat sloog den Ooln denn nu doch batts vör'n Kopp.

De Anna vun blangenan? Vun Nawer Bünz?

Ja, Vadder.

Hinnerk Thams maak gau'n Öwerslag, wo't mit de Utstüer wull slumpen dee bi de Anna. De Dependaalswisch möss doar tominsten bi rutspringen, de weer dat richtige Plaaster för dat grote Lock, wat dör dat dore Motorrad in den Geldbütel rinreten weer. Wenn de Deern denn na'n beten wat ünner de Fööt mitkreeg, denn weer dat de richtige Dansmusik för Klaas sin Hochtied.

An een schönen Maidag foar Hinnerk Thams dat Bruutpoar to Kark. He harr den ganzen Morrnt na keen Wurt mit Klaas snackt, man de kunn doar ni ut klook warrn, wat den Ooln de Pettersilln verhagelt harr. As se nu all een Stunnstied, ahn een enkelt Starbenswurt to snacken, foart weern, doar woar Klaas dat krupen.

Segg mal, Vadder, fehlt di wat? – fraag he liekto.

Hinnerk Thams knall mit de Pietsch, tucks an't Leit un kiek stief un druusch na vörn, ahn de Mund to rögen.

Irst as Klaas fragen dee: Dat schall doch wull ni wedder op min Bruut aff, wat?! – doar drei Hinnerk Thams sick half na achtern rüm un sä: Wenn du dat ganz genau wäten wullt – ja!! Ick mutt all den lewen langen Dag jümmers an dat schöne Geld för dat düre Motorrad dinken, Klaas. Ick heff dat vunmorrnt irst wedder so recht dütli markt: Du büst ut de Oart slagen! Na Anna harrst du je ok op hölten Tüffeln röwergahn kunnt! – Hü!!

HANS HENNING HOLM

Ole Kamellen

Wenn een seggt: »Dat sünd je ole Kamellen!«, denn will dor nüms mehr wat vun weten, vun dat, wat vertellt ward. Dat geiht ok in de Familien so; olen Striet un Larm wedder optowarmen, dor sünd bloß de op ut, de nich vergäten künnt un ok nich vergäten wüllt. Een Deel vun uns grote Familie wahnt op'e Geest, de annere in de Masch. Larm un Striet hett dat jümmers mang jem geben, un dat is meist lachhaftig to vertellen, doch dor schuld an sünd: de olen Kamellen . . .

Körtens draap ick een Vetter ut de Masch in een Geestdörp bi een Beerdigung. Ick segg to em: »As ick man sehn heff, an dien Traans, hett ok di de rasche Dood vun Kassens bannig angrepen!« Dor seggt Vetter Markus: »Dat leeg an ju'n drögen Sandbodden hier op'e Geest, de weiht een jo de Sandkörns in de Ogen, datt een ween'n mutt!« So sünd se nu mal in uns Familie; mit weke Geföhle hebbt se dat nich, un wenn se mal wölk kriegt, denn wiest se de nich oder laat se mit een drögen Snack butenvör. Bloß mit dat Ehrgeföhl, dor is dat anners mit, dat hett in uns Familie jümmers hoog in'n Kurs stahn, johrhunnertelang al, bi de in'e Masch un ok bi de op'e Geest.

In'n Dörpskroog bestellt wi uns nu irstmal een Beer. Vetter Markus wiest na den Siegelring an mien linke Hand un seggt: »Dor is je'n Wappen op! Hebbt ji'n adeligen Vagel kregen? Ick dach, wi Dithmarschers harrn all de adeligen Holsteeners in de Slacht bi Hemmingstedt doodhaut un afsteken?« Ick segg to Markus: »Dat is een Familienring, de heff ick bi düsse Gelegenheit mol opstäken, de verarvt sick bi uns jümmers op den öllsten Söhn. In de Mitt vun den Steen is een Krüz insneden, dat deelt de veer Felder . . .« Wieder kam ick nich, denn Markus seggt drang: »Een Krüz? Hett dat wat mit den doren Heinerich ut de Heid to doon? Wenn dat stimmt, dennso sünd wi beiden hier scheedte Lüd!« Ick segg to mien Vetter: »Nu beruhig di man, wegen de olen Kamellen ut de Familiengeschichte wüllt wi beiden uns doch nich ok noch üm vertürn!« »Is good«, seggt Markus, »– denn nimmst du den ›Mörder‹ also wedder trügg?« Düt Verlangen röögt mi denn nu doch an mien egen Ehrgeföhl; so eenfach, as he sick dat vörstellt, kann ick de Bläder ut uns ole Familiengeschichte nich rutrieten.

Dat weer so we'n: Anfang Dezember Anno 1524 hebbt de Dithmarschers Heinrich von Zütphen, een Märtyrer ut de Reformationstiet, in Heide verbrennt. Dat weer een natt Slackerwäder, un de Holtdutt wull nich so recht in Für opgahn. So worr dat denn een bösen Quälkram för den armen Heinerich. Toletzt maak een Smidd ut uns Familie mit een Dobbas vun Vörslaghamer kotten Prozeß. Uns Familie op'e Geest sä: »Dat weer Mord!«; de Dithmarscher Twieg sä: »Dat weer Barmhartigkeit!« Dor hebbt uns Familien sick denn een poar Johrhunnerte öwer streden, un nu verlang mien Vetter Markus, ick schull dat so eenfach un batts trüggnehmen, dat mit den Mord! As ick tögern do, dor fangt he an to hissen: »So is't richtig! Dat Krüz op den Ring dräägt ji Heuchlers jo man bloß to Schau; innerlich sünd ji jo gor keen Christen, de vergeben un vergäten künnt! Dickköpp sünd ji, sture Heiden! Een mutt öwer de olen Kamellen je ok mal Gras wassen laten künnen!« Ick segg, un wat anners blifft mi je nu ok nich na: »Good, an mi schall dat nich an liggen, dennso wüllt wi de frische Grassaat ok man glieks düchtig begeten; dor kümmt de Kröger al mit dat Beer!«

De Kröger sett de Beerbuttels un twee Glös op'n Disch vör uns hen. Vetter Markus kiekt sich dat Etikett vun den Buttel an un seggt: »Nä, annere Sorte, bitte, Herr Wirt!« De Kröger hett awers nix anneres as dat Beer vun sien Verdrags- und Lewerfirma. Mien Vetter Markus steiht nu boots op un seggt to mi: »Dat Etikett mit den doren Holstenritter op, dat is mi in de Ehr toneeg. Jüst düssen Holstenritter hebbt de Dänenkönig un de holsteenschen Ritters uns Dithmarsches to Schimp un Schann in't Landeswappen sett, as wi naher mal unglücklich een Slacht verloren harrn! In dat Landeswappen hebbt wi em, awers in mi kümmt he nich rin!« Rums, seggt dat, denn Vetter Markus hett de Dör achter sick toballert.

Wi harrn jo egentlich tosamen nu Grassaat öwer de olen Kamellen weg utsaien wullt, doch nu seet ick vör dat Schott, dat de Dithmarscher Vetter achter sick dallaten harr. Ut dat Versöhnungsfest weer je leider nix ut worrn, so müß ick mi denn eensam un alleen mit den Holstenritter vergnögen, bet ick dat Geföhl harr: Ut de olen Kamellen weern Immortellen ut worrn, strohdröög un kratzbörstig, un de öwerleevt jo jeden Striet un jede Tiet noch bet dree Dag achter de Ewigkeit.

RUDOLF KINAU

Snieder Mees

»Snieder gift 'n barg up de Wilt«, segt Korl Mees. »Ober 'n Snieder, de dichten kann, gift 't hier in uns Geegend man een'n. Un dat bün ick!

Un ick hebb ne blooß uns eegen Dörp to bedichten, – ne, ick hebb de ganze Ümgeegend mit, all wat hier so rüm ligt, bit no de Geest ran. Un denn jo allns, wat 'r is: greune Hochtied, sülbern Hochtied, Jubiläum, – dat kummt all bi mi, – de ganzen Joahrn nu al.

Jä, – dat käm so ganz vant sülben, käm dat. Ick harr Joochen Baschon 'n nee Padd Tüg mokt, sien Brögamspaddje, un harr em doar son lütten Zettel rinsteken in de Tasch:

›So glatt und ohne Falten,
wie dieser Anzug ist,
mögst du dein Leben halten
als echter frommer Christ.‹

Un dat harr em jo woll gefalln un harr sick rümsnackt. Un dat duer goar ne lang, do müß ick bi jeeder Stück Tüg ook gliek 'n lütt Riemels mit moken. Na, un denn käm dat ook bald mol so, dat doar eenerwegens wat loos wür, ober de Lüd bruken noch keen nee Tüg, – denn müß ick blooß 'n Riemels moken. Na, un so is 't 'r denn ook bi bleben, – ick hebb al vel mehr to dichten as to neihn. Un is woll ook recht so – sniedern un prühnen könt jo vel, ober ›Riemelsmoken‹, dat is doch ne jeeden geben.

Ick komm 'r jo good mit trecht. Un ick hebb jo ook al allerhand feine Dinger mokt, – mütt ick sülben seggen. – Dat dumme is jo man: De Lüd geft mi vel to lot Bescheed. Wenn morgen de Hochtied is, – vanobend in 'n Düstern kommt se an. Un wenn se denn man noch sülben kommen dän, dat ick jem mol son beeten frogen kunn, no dütt un no dat, – – ne, denn schickt se 'n Jungen mit 'n lütten Zettel: ›De un de hebbt morgen sülbern Hochtied, de Mann is 49 Joahr oolt, un de Froo is 47 – –‹, wieder nix, – doar schall ick nu 'n groot Gedicht up moken. – Ick weet ne, wuvel Kinner doar sünd, – ick weet ne, wat de Öllern noch left, – ick weet van nix. Un doch schall 't 'r all mit binnen wesen un schall sick ook all riemen. Dat is doch 'n beusen Fummelkrom is dat.

Gewiß, ick hebb jo so – – mien ›Schema‹ hebb ick jo, – so in 'n grooten, meen ick, – so een för Geburtsdag un een för Hochtied, – doar is doch ook 'n barg twüschen, wat 'n jümmer wedder bruken kann un wat ook jümmer wedder passen deit, – so as bi sülbern Hochtied, wöllt mol seggen:

›Fünfundzwanzig Jahre
die ersten grauen Haare –‹,

dat kann 'n jo jümmer wedder bruken. Ober de meisten Lüd wöllt doch ook gern son beeten ›Persönliches‹ doar mit rin hebben, son beeten van freuher her un van dütt un dat – un wenn 'n denn goar nix weet – denn kann 'n mitünner doch bannig slecht in de Gangen kommen.

Nu is dat bi mi ook noch so: ick kann ne dichten, wenn mi een up de Finger kieken deit, – ick mütt alleen wesen, an's ward doar nix van. Un ick hebb groote Kinner, – de kann ick doch ne al Klock söben up 'n Bitt schicken, – un wi hebbt doch man de een lütt Döns. Jä, denn mütt ick teuben bit Klock negen, halbig teihn, – denn kommt de Kinner to Klapp, un mien Froo mokt mi 'n Pott vull Kaffee un geiht ook up 'n Bitt. – Un denn fang ick an to dichten. Denn geiht 't ober ook gliek so in een Tur dör, – wat de Klock twee ward oder halbig dree, dat is mi denn eendoont, – erst mütt de Krom kloar, un mütt all to Schick wesen.

Meisttieds mok ick son Stücker teihn Vers, – jeeder Vers mit veer Reegen, – af un an ook mol welk mit söß, – un denn all so, dat sick jümmer twee un twee riemen doot. Un denn mok ick de Versen ook jümmer all togliek. Jo, ick snied mi teihn son lütte Zettels trecht un schrief up jeeden Zettel al gliek mol son beeten wat up, wat ick mi woll so dacht hebb. Un denn drink ick 'n Sluck Kaffee un kiek jümmer son beeten stief in de Eck, – un wenn mi denn wedder wat infalln deit, denn seeh ick forts mol no, up wat för 'n Zettel dat nu woll am besten hinpassen deit, so mit dat Riemen, meen ick. Un so fummel ick mi dat denn so bilütten kloar. Un denn schrief ick mi noch mol allns fein tohoop up een'n grooten Bogen, all so no de Reeg weg. Un denn goh ick erst mol up 'n Bitt un slop.

Un morgens bi de Arbeit, wenn ick denn so up 'n Sniederdisch sitt, denn steck ick mi den grooten Bogen mit twee Kneupnodeln an de Wand, – un denn liehr ick mi dat ganze Dings butenkopps, all teihn Vers. Jo, is beter, wenn 'n dat so butenkopps kann, – vörlesen, dat is ne recht wat, un ick mütt dat jo doch jümmer sülben vordrägen up de Hochtied, – dat is jümmer gliek so in 'n Pries mit in.

Jä, mit den Pries, – un mit dat ool Betohln, – dat is jo ook noch 'n beeten dösig. Ganz ümsünst kann ick dat doch ook ne moken, – ick gef 'r doch 'n barg Tied un Kraft för her. Jä, un 'n fasten Pries föddern mag ick ook ne recht. Un de meisten Lüd wöllt jo ook an boar Gild ne ran, könt jo woll all ne mit 'n Ellbogen in de Tasch kommen. Na un denn is de een junge Froo mol bikommen un hett mien Froo son lütten Taschendook häkelt, so mit Spitzen. Un dat hett sick wedder rümsnackt, un nu mokt se dat all. Mien Froo hett al son Hümpel Taschendeuker in 'n Hus, de ganze Komoodenschuf ligt al vull, – un denn all son ool lütte Dinger, – kannst di ne mol de Näs in utsnuben. Jä, wat schöt wi doarmit? Un wat hebb ick doarvan? Schulln mi doch leeber boar Gild geben! Ober ne – –!

Noletz ook noch mol, – do harr 'n gooden Bekannten von mi, de harr sülbern Hochtied, – un de hett wat, de brukt ne to kniepen un to knickern. Na, un do hebb ick em 'n groot fein Gedicht mokt, twölf Vers, un is mi good glückt, mütt ick sülben seggen. Un ick hebb dat ook fein vörbröcht, so richtig mit Betonung un mit Allürn, – hett de Lüd all good gefalln. Na, – do segt düsse Sülberbrögam noher to mi: ›Wat krigst du duar nu för?‹ ›Jä‹, segg ick, ›dat weet ick ook ne, ober – ick mütt 'n Mark för Papier un Dinte reken, un 'n Mark för Fürung un Licht, – ick hebb 'r de halbe Nacht bi upseten, – dat anner müß du sülben weten!‹ – – Jä, do hett he mi 'n Doler geben.

Gewiß, – ick hebb jo allerwegens, nem ick hinkomm, doar hebb ick free Eten un Drinken un krieg mien Zigarrn un allns, wat ick mag, ümsünst, ober – dat is denn ook so – denn drinkst mol 'n Grog mehr, wenn he nix köst, – – ick komm doar ganz bi ünner de Feut. Mien Froo schilt ook al jümmer mit mi rüm, ick schall dat ool Dichten upgeben un schall leeber up mien Geschäft passen. Ober – wenn di dat nu doch eenmol so geben is – – – Sniedern un prühnen könt vel, ober dichten un upseggen kann hier bi uns – un in uns' ganze Geegend – blooß een. Un dat bün ick: Snieder Mees, dat tweete Hus achter de Möhl.«

RUDOLF KINAU

Strof'-Wach

Meud bün ick. Oh, wat bün ick meud! Hebb wedder mol ne utslopen. Hebb wedder mol twee Stünden Strofwach hatt vannacht. Hett mien Vadder mi geben.

Vadder is al lang doot, jo, ober – de twee Stünden Wach, de brummt he mi doch noch af un an mol up, to Strof, – ick hebb em freuher mol ansmeert, oder ansmeern wullt, – ick hebb em mol üm twee Stünden Slop bedrogen.

Mien Vadder wür Seefischer, harr 'n grooten Eeber, un ick fohr bi em as Knecht. Un den een'n Obend harr ick ok mol wedder de Wach, buten up See, un wür so bannig meud. Ick harr al twee Nachen ne mehr richtig slopen, – de een Nacht harrn wi sovel Bries hatt un harrn beid an Deck blieben müßt, un de anner Nacht würn wi up de Wesser wesen, obends mit Düsterwarden in 'n Hoben, nachts Fisch utpackt, morgens allns wedder reinmokt un upkloart, un middogs wedder rut un no See. Un nu wür 't obends Klock elben, un ick stünd alleen an 't Ru'er. Un kunn mi man knapp mehr up de Been hooln. Singen un Fleiten hölp nix mehr, – medden in 't Leed fölln mi de Oogen to. Den Kompaß kunn ick al bald goar ne mehr kennen.

Alle Viddelstündn bünd ick dat Ru'er mol eben an un leep mol gau no binnen un keek no de Klock, no uns' groot Wandklock in't Logis. Ober de ool Klock, de wull un wull ne wieder. Rein as wenn de Wiesers fastbackt würn.

Klock teihn harr ick de Wach kregen, – un nu wür 't halbig twölf, un Klock twee wull Vadder mi erst wedder afleusen. Twee un 'n halbe Stündn noch, – Mann, wat 'n Tied! Dat reet jo woll ne wedder af.

Eben no twölf stünd ick wedder mol in 't Logis. Vadder slepp as 'n Rott, de Jung läg un snark. Ick stoh un kiek no de Klock. Un dink mitmol: »Junge, wenn de lütt Wieser nu doch so up een'n Slag up twee stohn dä, un ick kunn mi hinhaun un slopen –!« Ober – bit he van 't sülben doar hin kommen deit, dat duert jo noch twee vulle Stündn –, un em 'n beeten in de Gangen hilpen, – –? Un mitmol dink ick: »Wat weet Vadder, un wat weet de Jung van de Tied af –? Wenn se beid so fast slopt, medden in de Nacht, –? Un – een Klock hebbt wi man an Bord, – blooß düsse een hier an't Schott. –

Ick stoh noch 'n Oogenblick un lüster un luer, un denn – – denn mok ick den ooln Glasdeckel open un dreih de Klock up fief Minuten no twee. – Un kiek noch mol üm de Eck un hol noch mol deep Luft, un denn fot ick mien'n Schipper sinnig an 'n Arm: »Vadder –? Vader, de Klock is twee, – du wullst mi jo afleusen.«

Vadder verjagt sick un kummt öberendn: »Wat –? Is dat al wedder sowied?« Un kickt no de Klock: »Mann, wat hebb ick slopen!« Un is ook in 'n Wuppdi rut ut de Koje, un kummt an Deck un no chatern, un nimmt mi dat Ru'er ut Hand: »Na jä, denn – goh man dol!«

Un ick goh gau no binnen un lach mi een'n in de Fust un pack mi in de Koje. Un kann ne slopen. Komm in 't Dinken un Grübeln, un bün mitmol wedder grall un wok as man een, un schill mi sülben de Jacken vull. Wat hebb ick denn blooß mokt –? Un wat schall doar nu van warden –? Ick mütt de ool Klock jo wedder trückstelln, – de twee Stündn, de möt 'r nu doch wedder her, – an's ward dat jo Klock söben erst Dag, un dat markt Vadder doch – –!

Wat schall ick denn blooß moken, nu! An Deck gohn un de Wohrheit seggen un Vadder wedder to Koje schicken –? Ne, blooß ne! Ne, dat mütt nu all so blieben. Blooß de Klock, de mütt wedder trück, twee Stündn trück. Ober ick dött dat jo ne up eenmol moken, – Vadder kummt jo ook af un an mol dol un drinkt mol 'n Sluck Kaffee un kickt mol no de Klock, – – dat doot wi doch all, wenn wi de Wach hebbt.

Un ick grübel hin un her un fang an to reken: Wat kann ick dat am besten moken? – In söß Stündn schall de Klock twee Stündn trück, – dat is in een Stündn twindig Minuten. Ober twindig Minuten up eenmol trück, dat is ok noch tovel, dat fullt to dull up. Ne, ick mütt dat noch kötter moken, alle halbe Stündn: teihn Minuten.

Ick reken mi dat all noch mol ganz genau dör, un denn stoh ick sinnig up un dreih de Klock teihn Minuten trück. Un pack mi wedder hin un grübel wieder. Un stoh no 'n halbe Stündn wedder up un dreih de

Klock teihn Minuten öberstüer. Un kreep wedder ünner de Deck, un kann ne slopen. Un dött jo ook ne slopen, mütt jo jümmer uppassen för de Klock un för Vadder.

Vadder is fiefmol binnen wesen. Twölfmol hebb ick de Klock ümstellt. Un he hett mi 'r ne bi fotkregen, – hett blooß jümmer 'n Sluck ut de Kaffeekann' nomen un hett mol an 't Wedderglas kloppt un is wedder an Deck gohn. – Un ick harr jeedesmol son Angst un Hartkloppen, as wenn ick eenerwegens wat wegnohmen harr un de Krimminol wür achter mi her.

No söß Stündn – o Mann, dat wür 'n Ewigkeit, wür dat! –, no söß Stündn, as de richtige Klock söß wesen müß, wür uns' Klock ook wedder söß. Un Vadder keek üm de Eck un tick mi up de Schuller: »Is sowied!«

Un as ick an Deck käm, keek Vadder no de Seils rup un meen, dat wür doch bannig mit Ünnerscheed, – wenn 'n slopen dä, leep de Tied doch vel gauer, as wenn 'n de Wach harr.

Ick wüß ne recht, wat he doarmit seggen wull. Ick nähm em still dat Ruer ut de Hand un stüer wedder Westnordwest dol – vier lange Stündn. Un denn setten wi dat Nett ut. Un denn käm ick endlich wedder to Koje. Un kunn ook endlich mol richtig slopen, – ohne to grübeln un up de Klock to passen.

Wi hebbt doar niemols öber snackt, mien Vadder un ick, ick hebb mi keen Wort utloten. Ober – ick weet ne – Vadder mutt jo woll doch wat markt hebben, un hett mi de twee Stündn eenerwegens anschreben, nem se so licht ne wedder wegtowischen sünd:

Wu mannigmol hebb ick nu – in de langen Joahrn – al wedder twee Stündn wok legen, dat ick nachts ne slopen kann, – un hebb för mien'n Vadder Strofwach gohn un hebb dacht: »Wenn ick de ool Klock –«

Ober ne, –! Ne, – bi de Klock goh ick ne wedder bi!

FRITZ LAU

De ni wagt – de ni winnt

In't Dammholmer Wochenblatt stunn up 'e letz Siet babenan de »Wöchentliche Marktbericht«, un forts achterrup keem 'n langen Stremel, de ganz Dammholm ut Rand un Band bröch.

Dierk Dierksen sin Guste weer em dörch de Latten gahn. Se harr em »böswillig verlassen«, stunn dar, un nüms scholl ehr wat pumpen,

»da ich für nichts hafte!«

Darünner stunn in groot swarrt Bookstaben, dat de ol Casper Juul ut de Scheeperkaat nu ok dood weer, un denn keem dar 'n langen Stremel von 'n »Frauenverein«.

Verlosung
zum Besten einer Weihnachtsbescherung
für die Armen in unserer Gemeinde.
Hauptgewinn: eine komplette Radioanlage
4-Röhren-Fernempfänger
zu 260 Mark.
Lose sind bei dem Vereinsboten Hinrich Rump zu haben.

So bi Klock fief rüm, do smeet Trina Masch dat letz Wochenblatt na Liese Grelk ehr Kökendör rin, un dat duer ni lang, do weer dat ganze Dörp al ut de Tüt.

Toerst müß Guste Dierksen herholn, dat ol Minsch dat. Se harrn dat al ümmer seggt, weer nicks achter. Buten rüm gleih un schier un upstovt, un to Huus, dar weer se 'n Smerpesel, konn 'n an fastbacken. De un wat pumpen: fleuten woln se ehr wat! Se leeten keen goot Haar an Guste.

Dierk harr ok sach noch sin Laag kregen, wenn dat lütt Wort »Verlosung« un de »komplette Radioanlage« ni al ümmer na ehr Brilln-gläs ringlupt harrn.

De nu al 'n Radio harrn, de dachen: ›Veer Röern – 260 Mark – dat weer so wat. Min hett man een, un denn för 'n Reichsmark, konn mi so passen. Dar harr ik wol Lust to. Den Olen verschüer ik!‹

Un de nu noch keenen Radio harrn, de dachen: ›Up son Art un Wies keem ik dar billig bi; man goot, dat ik noch keenen heff. Dar will ik mal up daal, will ik mal 'n Daler an riskeern!‹

Un all de annern, de bet herto nicks von 'n Radio wäten wolln, de Dwarsdriewers un Gnägelköpp, de warn up 'nmal anners to Sinn un dachen: ›Wenn ik enen winn konn, denn nehm ik em ok!‹

Un se pliern al na de Eck, na de Kommod, wo he up stahn scholl; un se gungen mal rut na de Hoffstell un spiekerleern sik ut, wonehm de Hochantenn am besten fasttokriegen weer.

All spiekerleern se, all wolln se dar mal up daal, awers nüms sä dat. Un wenn dar doch mal een von anfung, denn wink de anner forts aff: Radio, nä, son Schiet, dar harr he dat ni mit!

Den annern Morgen Klock acht gung Hinnerk Rump mit sin Nummern von Huus to Huus. Un ümmer, wenn he na de Dör rinkeem, denn sä he: »De ni wagt – de ni winnt!«

Un wenn dar denn mal wedder een anfung: »Radio, nä, dar heff wi gar keen Tiet to!«, denn sä Hinnerk: »Erst afftöben, ji hefft em noch ni!« Un all dachen se: ›Harrn wi em man erst!‹

Un denn sän se wedder, na, een Nummer konn he ehr ja geern mal geben, weer ja för arme Lüd.

Un wenn se denn erst een Nummer harrn, denn sän se: »Na, denn giff mi man noch een, heff hier jüß 'n Tweemarkstück!«

Hanna Gies, de nehm forts fief un sä to Hinnerk, ehr Krischan scholl dat awers ni wäten, de harr dat ni mit 'n Radio. Hinnerk höl sinen langen Bliesticken ünner sinen groten Snauzbart, dat scholl bedüden: ›Ik kann swiegen un ik swiek og!‹ Un all dehn se so, as wenn se em al harrn, den Radio.

Hinnerk weer man erst eben ut de Blangdör rut, do bemött em Krischan Gies bi 't Immschuer. Man goot, dat he nicks sehn harr.

Hinnerk harr sinen Dutt Nummern forts rut un snack em ok noch dree an. Mit de Frunslüd, dar weer ja nicks mit uptostelln, sä he, de harrn dar ni ran wollt.

Un Krischan Gies plink em to un sä: »Giff mi man noch twee, awers komm hier 'n beten üm 'e Eck, de Langhaarigen brukt dat ja ni to sehn!« Un denn nehm Krischan sin Mütz aff un schöv de fief Nummern ünner sin twei Mützenfutter. Un he plier nösen mal na 'n Gewel rup un na 't Backhuus hendaal, wenn dar wennigmaal wat scholl na kamen, na de Hochantenn.

As Hinnerk achterrüm öwer de Preesterwiesch gung, do keem Krischan Gies sin Lene jüß mit 'n Driff Gös ut 't Doorlock rut.

»Hefft ji ok 'n Radio?« sä Hinnerk un harr sin Hand al wedder twischen den drütten un veerten Rocksknoop mank de Nummern.

»Nä, Vader hett dat dar ja ni mit!«

Hinnerk reet den Dutt Nummern as 'n Spill Korten voneen un höl ehr de hen: »Kannst enen winn, Deern, för 'n Reichsmark, lang to!«

»Ik heff ja man son schietige Handn, Hinnerk!«

Hinnerk, de wußt, hier harr he wunn Spill. *»Glück un Schiet wahnt Siet an Siet!«* sä he, *»man ümmer rin!«* Un Lene lang rin.

Nummer 497! »Giff mi man noch een«, sä se un lang dütmal ganz na nerrn. 996! Meist mal son hoge Nummer. Un Lene mak 'n langen Hals, meist so lang as de Ganner, un sä: »Se brukt to Huus de Näs dar ja ni twischentostäken, weetst ja, wo se sünd, deit ja ni nödig!«

Hinnerk höl sinen langen Bliesticken al wedder dar hen, wo sin Snauzbart as 'n swaren Graffsteen up dat Wort »Swiegen« leeg. Von em ut keem dar nicks öwer sin Lippen, sä he; un he dach, wenn dat so biblev, denn weer he den ganzen Schiet bald los. Un dat blev so bi.

Lene stunn nu mank all ehr Gös un harr noch ümmer de beiden Nummern in 'e Hand.

497! Veer un negen un söben, dat weern tosamen twindig. Se weer jüß twindig, dat harr wat up sik.

996! Negen un negen un söß, dat weern tosamen veeruntwindig. Ehr Hannis weer jüß veeruntwindig, nä, so wat!

Do lä se beide Handn an 'e Mund un röp achter Hinnerk ran: »Juhu!« Se woll noch 'n paar Nummern hebbn, awers Hinnerk, de weer al to wiet weg, de höer dat ni mehr.

Do fung se wedder an to telln. Wenn se all de Talln enkelt tosamentell, denn keemen dar veerunveerdig rut. Veerunveerdig, dat weer ehr Glückstall, harr ehr mal 'n Kortenleggersch seggt.

Wenn se von ehr Nummer de erst un de letz Tall tosamentell, denn keem dar elben rut; bi Hannis sin Nummer keem dar föftein rut. Twee ungerade Talln. Bröch in 'e Lotterree ümmer Glück, harr de Kortenleggersch seggt.

Lene steek ehr beiden Nummern so deep na 'n Bossen rin, dat ehr Glück meist in 'e Kniep keem. Un denn lä se noch mal wedder beide Handn an 'e Mund un röp nu na de anner Siet, na 't Holt hendaal: »Juhu!« Dar weer so veel Glück binn in ehr, dat müß dar rut. Un all ehr Gös fungen ok mit an to schriegen.

Ünner Lene ehr Kattun-Jack, dar drömen nu twee Nummern von 'n Glück, dat noch up 'e Luer leeg.

Se weer nu ümmer vergnögt, Lene, un 's abends bi 't Grüttumrögen un 's morgens an 't Botterfatt, ümmer sung se, un ümmer datsülwige Stück:

> Ich weiß was von dir, was kein andrer weiß,
> aber sei nicht in Sorge darum!

Se kenn blots twee Reegen von düt Stück un fung ümmer wedder von vörn an.

Un Krischan Gies un sin Hanna höern dat un dachen beid: ›Wenn se mi darmit meent, un wenn Hinnerk dat Muul ni hett holn, denn belevt he wat!‹

As se den annern Abend achter de Pann seeten, do fung Lene noch mal von Guste Dierksen an; un dar war allerhand vertellt: Dierk scholl ehr rutsmäten hebbn un wat ni sonst noch all. Un se leet ok mal 'n Wort öwer Hinnerk Rump falln. He harr ehr mit 'n Nummer ansmern wollt, se harr awers keen nachen, wunn ja doch nicks. Un all dree dachen se: ›Schuß man wäten!‹

Den drütten Abend weer Hinnerk Rump jüß mit 't Geldtelln tregg un woll to Bett, do klopp dar wat an sin Finster. Hinnerk harr de Blomenpütt man erst eben an de Kant schaben, do seh he al, dat Greten Snoor dat weer. Se harr ehr Ümslaagdook fast üm 'n Kopp tütert, awers Hinnerk kenn ehr forts an ehr lang spitz Näs mit de Waart eben baben 't linker Näslock. Se harr den Kopp al mank de Granas: »Min allerbest Hinnerk, ik will ni erst rin, wenn du se noch hest, denn so lat mi ehr noch gau kriegen, dree Nummern, awers 'n beten gau, min allerbest Jung, Deteld kann jeden Ogenblick ut 'n Kroog kamen, un du weetst ja, wo snaksch he is!«

Hinnerk lang ehr de dree Nummern ut 't Finster rut un lä Greten ehrn Daler up den enen Stapel rup, dar harr em noch jüß enen up fehlt.

Veer Nummern harr Greten all, nu harr se söben. Dat ehr Deteld ok veer harr, dat wüssen blots Deteld un Hinnerk alleen.

Hinnerk, de wüß nu 'n ganzen Barg: he wüß, wat se ni wäten scholl, wat he ni wäten scholl, wat nüms ni wäten scholl. He wuß awers ok, wat Kassen Krus to em seggt harr. Kassen, de harr seggt: »Lotterree is Lumperree, all betaalt se för enen, un de annern, de bitt de Hund. Gah mi aff mit son Schiet!«

Negen Daag müssen se dat nu noch afftöben, denn müß de Foß to 't Lock rut. Denn wüssen se, wokeen sik de »komplette Radioanlage« up 'n Wagen laad harr, denn wüssen se awers ok, wokeen de Hund beet. Un in düsse negen Daag keem mennigeen von Hinnerk sin Nummern asig in 'e Kniep.

Hanna Gies harr ehr fief Nummern baben up 't böbelste Kellerbort ünner 'n Wilstermasch-Kees verstäken.

Krischan Gies harr sin Nummern noch ümmer in sin Mütz ünner dat twei Mützenfutter. He harr dat Lock heemli 'n beten toprünt, dat se dar ni rutfulln.

Lene harr ehr beiden Nummern ganz vör in een von ehr Lackschoh, de se för 't erst doch noch ni antrock.

Greten Snoor harr ehr söben Nummern up Siet 394 in 't Gesangbook leggt, wo babenan stunn:

Gott will 's machen,
daß die Sachen gehen,
wie es heilsam ist!

Ehr Deteld harr sin Nummern in sin Sparkassenbook leggt, dar keem em nüms ran.

Un de negte Dag, de keem, un de teinte Dag, de keem – un dat Wochenblatt, dat keem. De Lüd reeten Trina Masch dat Blatt rein ut de Hand rut, schierweg unklook weern se. Un up de letz Siet, dar stunn dat, wat se söchen, groot un swart:

Ziehungsliste!

Un denn keemen all de Nummern, de wat wunn harrn, dar stunn awers ni, wat se wunn harrn. Nu weern se noch jüß so klook. Ünner de List stunn:

»Gewinnausgabe im Gemeindehaus
täglich von 5–7 Uhr nachm.«

Dar kümmer sik nüms üm den Roman »Narrenspiel der Liebe«. Dar keek nüms na de »Voraussichtliche Wetterlage für morgen«, ok de »letzten Notierungen vom Hamburger Schweinemarkt« leeten se erst mal links liggn. All söchen se een von ehr Nummern un funn ehr un funn ehr ok ni.

Un de ehr nu funn, de kreegen son upstiegen Hitten un dachen: ›Wenn he dat nu is, de Radio, Tjungertjunger!‹

Un de dat Wochenblatt nu ni höln, de schicken een von ehr Kinner rüm: »Ik scholl mal fragen, wat Moder dat Wochenblatt man mal 'n Ogenblick kriegen konn, se woll mal wat sehn!« Un de ehr dat Blatt in 'e Hand drück, de dach: ›Hett ok wol 'n Nummer!‹

Krischan Gies un sin Hanna harrn beid nicks wunn, un een weer noch gnadderiger as de anner. Blots Lene ehr beiden Nummern 497 un 996, de weern rut. Nu müß se dar ja mit vör 'n Dag.

Ehr Vader, de meen, se wüß ehr Geld ok wol keen Laat, för son Kram, dar gev he keen Geld för ut. As he so olt wähn weer as se, do harr he an so wat noch gar ni dacht.

Ehr Moder sä, bi düsse slechen Tieden harr se dat Geld man spaern schollt, wenn 't ok man 'n paar Mark weern, een Mark haal de anner, weer doch wegsmäten Geld. Gung ok ni mit rechten Dingen to: de dar wat wunn, de harrn so al noog, un de dat nödig harrn, un de dar wat winn wolln, de kreegen nicks!

Wenn de Wilstermasch-Kees un Krischan sin twei Mützenfutter harrn vertelln konnt, de harrn ganz wat anners seggt.

Lene höer dar ok gar ni na hen. Se harr erst mal wat wunn, un all dat anner, dat gung ehr gar nicks an. Am levsten harr se nu forts anspannt un weer losföert, awers dat gung ni, se weern bi 'n Kohl. Dat konn freern warrn, harr ehr Vader seggt. 'n Stücker tein Föder müssen dar vör 't Düsterwarrn noch rin; wenn se dar mit tregg weern, denn konn se sintwegen losföern.

Un se kreegen de tein Föder Kohl rin. Knechens un Deerns un Daglöhners wüssen dat nu ok al: Lene harr wat wunn, un all harrn se dat lieker hild.

Un Lene spann ehrn Foß vör de Gig, smeet 'n Klapp Stroh achter rin, wenn se scholl den Radio wunn hebbn, dat dar nicks an twei keem.

De Foß weer natt von Sweet, as se ankeem. Dar stunn 'n barg Lüd vör 't Huus un up 'e Trepp un wieder rup, un all maken se 'n dumm Gesicht. Un all harrn se wat ünner 'n Arm, awers se konn da ni ut klook warrn, wat dat weer. Fragen möch se ehr ok ni.

Fru Paster stunn an 'e Dör un sä: »Darf ich die Nummer mal sehn!« Nu harr se de Nummern to Huus vergäten, weer ok all so öwer Hals un Kopp gahn. Do full ehr dat in, se harr ja ehr Lackschoh an. Do trock se den enen Schoh ut un kreeg ehr rut, de Nummern, weern ganz in 'n Dutt knüllt. Un se kreeg 'n ganz roden Kopp, as se dat groot Lock up ehrn groten Töhn seh.

Do grien Fru Paster un sä: »Das ist so schlimm nicht, kann bei diesen dünnen Strümpfen leicht mal vorkommen, haben ja auch einen weiten und mühsamen Weg hinter sich. Besser ein Loch im Strumpf als eine verwundete Seele!«

Dat se hier mit de Gig weer un dat se 'n Klapp Stroh achter rinsmäten harr, darvon sä Lene nicks. Un denn nehm Fru Paster ehr de Nummern aff, streek ehr 'n beten glatt un sä: »Das wollen wir gleich mal sehn, bitte!«

Un nu gung se mit Lene na 'n Disch ran un keek na 'n lang List rin un plink Lene to un gung nu mit ehr ganz achter na 'n Saal rin. Ünnerwegens bemött ehr Mine Reimers.

»Lene?«
»Mine?«
»Hest ok wat wunn?«
»Ja, Deern!«
»Wat denn, du?«
»Deern, dat mag ik di gar ni seggn, du lachst di weg!«

Un nu gung Mine Reimers achter Lene un Fru Paster ran, se kenn düssen Weg, se woll mal sehn, wat Lene wunn harr.

As Fru Paster sik bück un na 'n Sack rin lang, do harr Lene sik bald beswiemt. Fru Paster lä ehr twee Kohlköpp in 'n Arm un wies na de annern Säck un sä: »Wenn Ihnen nun Rotkohl lieber ist, dann können wir tauschen!«

Un denn beföhl se de Köpp un sä: »Schöne feste Köpfe; es ist ja nicht viel, nein, es ist nicht viel, aber das ist ja auch nicht der Zweck der Verlosung, es handelt sich ja in erster Linie um ein Werk christlicher Nächstenliebe!«

As Lene mal so quanswies na den enen Sack hendaal keek, do seh se, dar stunn »Chr. Gies« up. Nu harr se waraffdig von ehrn egen Kohl wunn.

As se sik ümdreih, Lene, do stunn Mine Reimers dar ni mehr. De harr sik liesen drückt. Se harr ok twee Köpp Kohl wunn un weer bang, dat se an to hucheln fung; se konn so ganz unbannig lachen, Mine.

As Lene ut de Huusdör rutkeem, do nehm se de beiden Kohlköpp un smeet ehr in 'n groten Bagen achter na de Gig rin. De Foß weer bald utneit, so verfeer he sik. Un denn seh se Mine Reimers achter de Gig stahn, beide Handn vör 't Liev un höer ehr hucheln: »Oh, Lene, ik kann ni mehr, ik kann ni mehr. Deern, wat hest du för 'n Glück hatt! Ik schree mi dood, ik schree mi dood!«

Un denn gung se achter na de Gig ran un fung wedder an to hucheln: »Deern, min beiden Kohlköpp heff ik dar ok mit rinleggt, laat uns ehr doch joni vertuschen; oh, wat sünd wi uns muchelig fort kamen!«

Un do keem Greten Snoor ut de Dör rut un harr 'n lütten Korf mit Sellerieknolln öwer 'n Arm. Se mak 'n Gesicht, as wenn ehr de Petersill verhagelt weer. Se bö ehr ni mal de Tiet, as se ehr verbigung. Mine will ehr jüß mal fragen, wat se wunn harr, awers Lene kreeg ehr bi 'n Arm tofaten: »Laat dat na, Deern, de kleit uns de Ogen ut; is ja all Giff un Gall, wat an ehr is!«

Bi de Putzmakersch höern se denn noch, den Radio, den harr de Baron von 'n Eekhoff wunn, un de harr Geld as Schiet!

Wat ut Lene ehr beiden Kohlköpp warn is, dat weet nüms, is ok ja eendohn; wat se to Huus seggt hefft, dat weet ok nüms, geit ok ja nüms wat an, awers wat is dar doch bi rutkamen: na de Kortenleggersch, dar is Lene ni wedder hengahn!

FRITZ LAU

Dat Lexikon

Lena Brammer woll ehrn Korl wat to Wihnachen schenken un wuß ni, wat. Wat öwer 'n Liev to trecken, harr he noog, un wat ni nödig deh, dar gev se keen Geld för ut. Se woll dat erst mal up 't Luern leggn, dach se, funn sik ja sach noch wat.

'n paar Daag vör Wihnachen weer se mit Eier un Botter to Mark. Un do seh se, dar löpen so veel Lüd na 'n groot Huus rin, un do löp se mit rin. Woll mal sehn, wat dar los weer.

Dar weer Aukschon, dat weern awers meist all Böker, de dar ünner 'n Hamer keemen, un mit Böker harr se dat ni, ehr Korl ok ni.

Allerwegens stunn Lüd un harrn Böker ünner 'n Arm un bekeeken Biller un leesen, un dar weern ok al welk, de weern an 't Tuschen.

»Meyer's Konversations-Lexikon, veraltete Ausgabe, aber fast wie neu, zwölf Bände, was wird dafür geboten?« gröl de Aukschonater. He weer al ganz heesch.

Toerst bö dar nüms wat, un de Aukschonater fung noch mal wedder an. Lena dach an ehr Wandbort baben 't Sofa, dar stunn 'n utstoppt Möw up, 'n Katteeker, 'n paar Nippsfiguren un 'n Blomenstruschen ut Papier. Wenn se dar nu de twölf Böker rupsett, dat seh schmuck ut.

»Fief!« gröl dar een achter ut de Eck.

»Fieffföfdig!« jauel dar 'n Fru un dücker sik daal, se woll nicks seggt hebbn.

»Söß!« kreih Lena, un denn sä dar nüms wat mehr. Nu weer se dar an fast. Egentli harr se dat gar ni so meent, awers as ehr nösen een tein wedder bö, do woll se dat doch ni.

As Wihnachenabend de twölf Böker ünner 'n Dannboom leegen, do meen Korl, wenn dat Finanzamt dar Wind von kreeg, dat he 'n Lexikon to Wihnachen kregen harr, denn keem he twee Stuf höger in 'e Stüer.

As he mal in »Band 8« herümmerbläder, do funn he dar 'n Dusenmarkschien up Siet 988, de weer noch gar ni ünner Lüd wähn, weer noch ganz schier un glatt. Achter den Dusendmarkschien, dar leeg 'n Zettel, un dar stunn up:

Mit Globen, Leev un Tru un Recht,
Steit dat upstunnst ganz bannig slecht;
Erst, wenn se wedder uperstahn,
Ward 't beter in 'e Welt hergahn.
To dusend Mark, in mine Tiet,
Dar sän wi all: Wat schall son Schiet!
Klas Rohwedder
Millionär un Tüffelmaker, Anno 1922.

De utstoppt Möw, de Katteeker, de Nippsfigur un de Blomenstruschen ut Papier, de keemen nu na de Rumpelkamer rin; un »Wissen ist Macht!« sä Korl, »muß dar blots ni bi öwersnappen!«, un he sett de Böker na 't Wandbort rup. Un all bewunnern se de Böker, un all sän se, de sehn dar so smuck ut.

Merrn in 'e Nacht, so bi Klock twee rüm, do gev dat 'n Larm in 'n Huus, as wenn de Schoßsteen ümfulln weer. Korl ut 't Bett rut, de Flint von de Wand un denn rut na de Däl.

De Kinner fungen an to schriegen, Lena war rein hitt un kolt. Grotmoder, de meist ganz doov weer, de harr den Larm ok höert un keem ok in 'e Been.

Un dat weer so: de een Nagel weer ut de Wand räten, un dat Lexikon weer dar von baben hendalsuus. Band een bet dree harrn Lena ehr söß Tassen mit den Goldrand dat Gnick ümdreiht, Band neegen harr Anni ehr Popp, de slapen konn un echt Haar harr, den Brägenkasten indrückt, Band fief stunn mit beide Been in 'n Botterputt, un Band söß harr ut eenuntwindig Eier, de in 'n Korf vör 't Sofa stahn harrn, Röerei makt. All de annern Mackers, de leegen ünner 'n Disch.

'n groten Engel ut brunen Kokendeeg, de harr beide Flünk affbraken un keek ok mit de Been ut 'n Botterputt rut.

De Dusendmarkschien, de weer noch am besten wegkamen: he bummel glatt un schier öwer de Sofakant. Klas Rohwedder sin Zettel leeg blangan un sä: »Wat schall son Schiet!«

'n Dag na Wihnachen, do müß de Köksch, Stina Lamp, de Stuv

upschüern. Se weer ut de drütt Klaß konfermeert un harr ünnerwegens ok nicks toleert. Up ehr Art weer se jüß ni dumm, awers dumm weer se doch. Se konn ok so dumm fragen.

As Korl Brammer na de Stuv rinkeem, do stunn Stina jüß vör dat Bort un sparr Näs un Muul wiet los. Fragen woll se em doch mal.

»Ik woll mal dumm wat fragen, uns' Buer!«

»Ja, Stina, dar büst du groot in!«

»Wat sünd dat?«

»Dat sünd 'n Lexikon, Stina!«

»Na, denn heff ik ja asig verbiraat!«

»Wat meenst du denn, wat dat weern, Stina?«

»Ik meen, dat weern Böker!«

In Meyer's Konversations-Lexikon hett bet herto noch nüms wedder rinkeken, un dar ward ok wol nüms rinkieken. De Hauptsak is, dat de Nagels ni wedder utriet.

FRITZ LAU

Fleederbeernsupp

'n Schipp stürn un Fleederbeernsupp koken,
dat is tweerlei.

As Korl Bielenbarg un sin Rosa-Elisabeth vör'n Altar stahn harrn, do harr de Paster to jem seggt: »Es ist nicht gut, daß der Mensch allein sei, ich will ihm eine Gehilfin machen, die um ihn sei!« Un do harr Rosa em stief in de Ogen keken un harr dacht: »Dar kannst du Giff up nehmen, ick gah nich von'n Placken!« –

Un doch keem dar mal'n Dag achter de Geestbargen rutkrupen, de reet de beiden voneen. Rosa müßt acht Dag na't Olanner Moor na ähr krank Swester. Ehr se afreis, schreew se allens up'n Zettel, wat Korl in'n Hus to don har den Dag öber un wat he koken scholl.

Dar stünn ok: »Sonnabend Fliederbeernsuppe mit Klößen. Bischen Kartoffelmehl anrühren«. Fleederbeernsupp harr he noch sindaag ni kakt, gevt an Bord ni, awers he keem dar ja sach mit tregg.

So bi Klock ölben rüm kreeg he sinen Pott to Füer. He harr lever Arfen in kregen, awers he harr keen Fleesch mehr. Bi 't Klütenbacken fung he erst an to fleuten, un denn sung he:

»Back ik Klüten, segg he, wi bekannt, segg he,
Spee ik erst, segg he, in de Hand, segg he.«

As he de Klüten öwer Bord sett harr, kreeg he Rosa ehrn Zettel noch mal wedder her: »Bischen Kartoffelmehl anrühren!« So weer em de Supp ok noch to slabberig.

Dat duer 'n ganze Tied, bet he mank all de Plumm- un Krinten- un Grütt- un Mehltüten rutfunn, wat he söch. As he wedder na 'n Füerheerd rankeem, wöhlen de Klüten al in 'n hogen Seegang. Veel Kantüffelmehl schull dar ni rin, 'n bischen, stunn up 'n Zettel. Korl wull dar jüß 'n »bischen« mit sinen breeden Duumen rutraken, do kreeg de Tüt dat Öwergewicht, un all, wat se in 'n Liev harr, dat suus na den Pott rin.

Harrst du in düssen Ogenblick achter 't Finster stahn un harrst dienen Korl dar herumspringen sehn, Rosa, du harrst di krank lacht. Korl sprung in de Käk herum, as weer he up See un de Grotmast weer öwer Bord gahn. Un in 'n Pott geev dat 'n Storm un 'n Seegang, as wenn buten bi Cuxhaben de Stormkugel up »Windstärke 10« bummel. Kantüffelmehl, Fleederbeernsupp un Klüten gungn dull to Knast. Mennigmal seh dat ut, as weer 'n Miin hochgahn un harr 'n Walfisch voneen reten. P-psch! güng dat denn. All Bloot un Schuum un Seegang. Korl raak 'n paar Törfsooden ünner 'n Pott rut, un do wör dat Unwedder dar binn wat sinniger. Un denn hal he sik 'n langen Sleef ut de Spieskamer un fung an to peilen. Un wenn he mal 'n Ogenblick uphöl mit Röhrn, denn wrangeln sik dar Blasen na baben, as wenn dar 'n Düker an de Grund togang weer.

Twölf Klüten harr he man insett, nu weern dar al 'n Stücker wat twintig an 't Wöhlen. Toletz weern dar garkeen mehr, he harr se all twei rögt, blots von de witsnutigen Kantüffelmehlklüten keem dar aff un an noch mal een an Deck. Korl göt dar noch mal 'n Schuß Water na 'n Putt rin, awers veel güng nich mehr rin: de Pott weer bet an de Reling voll. Dat nütz ok nicks, de Fleederbeernsupp war ümmer dicker, ümmer stampiger. Do nehm he den Pott von 'n Dreefoot rünner un sett em up de Steenfliesen. »Köhl di man erst mal 'n beten af!« sä he un gung na Stuv. Wat weer dat 'n Tostand, wat keem he sik muchelig for. In düsse Stunn föhl he, wat sin Rosa em wert weer!

As Korl wedder na Käk rinkeem, weer de Fleederbeernsupp al so dick, dar konn 'n Snieder up danzen. Twee von de Klüten weern noch heel bleben, harrn noch mal Luft snappen wullt, un denn weer jem de Pust utgan. Nu dreben se dar merrn in't Fahrwater, as son paar dode Seehunne. Un Korl, de dach: wenn ik nu ni wüßt, dat dat Fleederbeernsupp weer, denn konn ik meist glöben, dat weer rode Grütt. He hal sik Melk ut de Kamer, nehm sinen Rode-Grütt-Pott mit na Stuv rin un sett sik achtern Disch. He weer man erst eben anfungen to eten, do keem de Paster lank 'n Garnstieg rup. – Ok dat noch! As de Paster na Stuv rinkeem, sä he to Korl: »Es riecht lecker bei Ihnen, Herr Bielenberg, was gibt's denn!«

Korl, de grien, stell sik blang bi den Paster hen un keek ok na den Grapen rin, un denn sä he: »Ja, Herr Paster, dat weet ik egentli sülbn ni.

Min Verstand, de seggt: dat is Fleederbeernsupp, min Tung de seggt: dat is rode Grütt, un wer dat ni weet, de konn glöben, dat weer Swartsuer.« Do sä de Paster wedder: »Riecht aber lecker!« Un Korl, de mark wat, hal em'n Teller un 'n Lepel un füll em wat up. Un de Paster eet un nückkopp un nückkopp un eet. As he den tweeten Teller ut harr, frög he, ob he dat Rezept ni mal mitkriegen konn; de rode Grütt smeck ganz anners as sin Fru ehr: »So etwas Angenehmes im Geschmack«, sä he, »und bei alledem so sättigend.« Korl dach an de twölf Klüten un an dat Pund Kantüffelmehl un sä, jaaa, he harr dar ok recht 'n beten andan. Dat Rezept, sä he, dat konn he em nich seggen, dat weer recht bunt: De Kram keem to Füer as Fleederbeernsupp mit Klüten, harr ünnerwegens Haweree, un wenn de Wind afflau, denn weer dat rode Grütt. Do nehm de Paster sin Brill aff, putz de Gläs blank, keek Korl an un dach: ›Ein wunderlicher Mensch!‹ Denn snack he noch 'n lütt Tied un gung wieder.

As Rosa wedder an de Kaat keem, do vertell Korl ehr erstan nicks, as se awers den drütten Dag dat ganze Huus op 'n Kopp stell na ehr Tuut mit Kantüffelmehl, do vertell Korl ehr von sin Müllöhr. Un he kreeg Rosa bi de Hand tofaten un sä: »Ik heff in düsse acht Daag leert, dat 'n goden Koptein to Huus ebensoveel wert is, as eenen up See. Ick heff ok leert, dat de Arbeit uns mennig Unrast von 'n Liew hölt. Blots Fleederbeernsuppkaken, dat heff ik nich leert. Un dochen wull de Paster dat Rezept hebbn. Wo kann't angan!«

Do kreeg Rosa ehrn Korl üm 'n Hals to faten un sä: »Awers den Paster sin Rezept, Korl, dat wüllt wi uns marken:

›Es ist nicht gut, daß der Mensch allein sei!‹«

GERD LÜPKE

Bahnstieg fief

Annerletzt wier ick wedder mal mit de Iesenbahn unnerwägens, indäm ick ümmer noch kein Auto führen kann. In Hamborg up'n Hauptbahnhoff müßt ick ümstiegen. Ick wüßt man nich, up wecken Bahnstieg dat wiedergüng. So frög ick denn'n Iesenbahner, de mi jüst in de Möt leep. De keek mi nadenkern an, treckte de Ogenbranen bi't Nadenken bät unner de Mütz hoch un säd denn fründlich – nee, he süng dat so recht: »Bahnstieg fief!« Iehrer ick mi bedanken künn, verswünn he all wedder mang di Minschen. Wier'n Meckelborger wäst, dat harr ick woll hüren künnt.

Tjä, un dörch de meckelborgsch Utsprak un den Bahnstieg fief keem mi wat in den Sinn, wat vör lange Johren dröben in't anner Dütschland passiert wier – tau'n Tiet, as alls noch ein grot Dütschland wier. Dunn wier dor in – na, seggen wi: in'n grötter Stadt 'n Bahnhoff, un de harr vier Bahnstieg'. Up de anner Siet, na Stadt tau, vör de grot Bahnhoffspurt, dor leeg an'n Bahnhoffsplatz de Kraug, wo de Iesenbahners af un an hengüngen. Se müßten sick dor ja den Kahlensmook von de Lokomotiven ut den Hals späulen. Weck Lüd meinen ja, de Iesenbahners späulen hüt noch giern up son Ort, ofschonst de Lokomotiven gor nich miehr mit Kahlen führen. Giwt sogor ganz gräsig Minschen, de seggen, wenn'n Kauh nich supen will, denn möst ehr'n Iesenbahnermütz upsetten, denn süppt se gewiß. Man dor kann ick nix tau seggen: mien Vadder wier sülben Iesenbahner, un mien Grotvadder ok.

Öwer wi wieren bi den Kraug gägenöwer von'n Bahnhoff! De Kräuger harr anners keinen Namen finnen künnt, un so harr he sien Etablissemang denn »Bahnsteig fünf« nennt – paßte ja gaud, wieldat de Bahnhoff man vier Bahnstieg' harr. Un de Iesenbahners, de wieren denn ja ok öfters eins up dissen Bahnstieg fief. Se harren dor ümmer fix tau daun.

Eins Daags keem nu'n Amtmann von de Direktion un wull mal äben den Bahnhoff visentieren. He güng in't Büro, dor seet de tweit Vörsteher. Den'n frög de hoge Herr, wo sien Chef woll wier. De Tweit stünn dor un stamerte wat vör sick hen. Man as de Amtmann wiederfragen deed, dunn säd he: »De – de Chef is – up Bahnstieg fief!«

De Amtmann nickköppte, makte de Dör tau un güng na buten. Öwer he keem man blot bät Bahnstieg vier! Miehr wieren dor nich. De Herr von't Amt schüddelte mit'n Kopp un güng na vörn in de Hall. Man dor keek he ut ein von de groten Finster, un dunn seeg he den Bahnstieg fief! 'n lütt Grientje flög üm sien Lippen, denn güng he röwer na den Kraug. Jüst in dissen Ogenblick öwer keem ut de Dör de ierst Vörsteher – mit den tweiten, de sienen Chef wohrschut harr!

Tjä, dor stünnen se nu all drei vör den Bahnstieg fief. Man de Amtmann harr Humor, he säd wieder nix un visentierte den Bahnhoff. Wier ok alls gaud in'n Stann'n, un so seet he mit de beiden Vörstehers abends denn up Bahnstieg fief. Dorbi würden de Kierls gewohr, dat se all drei an'n leiwsten den Dubbelköhm von Konrad Lehment ut Rostock drinken deeden. Süh, un dit wier ok de leiwst Köm von den Kräuger! So geew dat 'n lange un vergnäugte Nacht.

An'n annern Morgen harr de Kräuger dat bannig hild, he wier all fräuh in de Stadt taugangen. As de Amtmann denn gägen Meddag wedder na Hus führen deed, dunn keek he noch mal ut sien Togfinster na den Kraug röwer – un sien Ogen würden grot as Speigeleier. He seeg, dat de plietsche Kräuger unner dat Schild »Bahnsteig fünf« mit grot Baukstaben harr unnermalen laten: »Bahnamtlich genehmigt!« De Amtmann schüddelte den Kopp, öwer he behöl de Saak bi sick. He harr, ick säd dat ja all, Humor. – Wier doch woll'n anner Tiet dunn as hüt. Wier bäten minschlicher, mücht ick mal seggen. Se wier ok woll bäten vergnäugter, un de Minschen leeten sick meihr Rauh. Bät up de Handwarkslüd! De keemen furs, wenn ein se reep. Un dat is ok wedder ganz anners as hüt. – An disse Geschicht von den Bahnstieg fief müßt ick denken, as ick in Hamborg na Bahnstieg fief güng un dor in meinen Tog insteeg. As de denn mit mi losrötern deed, dunn führte ick na Nurden orrer Westen, ick weit dat nich miehr so genau. Mien Gedanken öwer güngen in'n ganz anner Richt: de reisten na Osten, öwer den Tuhn weg – na mien oll Land Meckelborg.

GERD LÜPKE

Hinni un de Reklame

Hüt maken se för alls Reklame, wat dat giwt – un wat dat nich giwt. För Öl un marinierten Walfisch, för Plummensaft un Entwicklungshülp, för Hoorspray un Nasi Goreng – un Puschenkino-Polizist Günther Schramm sogor för Mulfarw! Dat kann einen tau väl warden, ganz gewiß – un mienen Fründ Hinni würd dat ok tau väl. He kann un kann dat Wurt »Reklame« nich miehr hüren. Ja, he kriggt all Sweitdrüppel vör'n Kopp, wenn ein man »Waschmittel« seggt orrer »Pulwerkaffe« orrer so wat. Ierst güng he denn man stillkens bisiet, öwer nu hett he dor wat gägen dahn!

As ick nülich wedder mal Visite bi em maken deed, dunn nehm he mi mit in sien lütt Achterstuw, wo he anners sien Camping- un Gordensaken in harr. Wat wier dor nu ut worden! Dat lütt Finster harr Hinni dichtmuert, un poor Armstäuhl stünnen üm'n brunen Holtdisch, dicht bi dat Köhmschapp. An de Wand hüngen poor Biller von Frans Hals un Wouverman. Kein echte, dat is klor: Hinni möt sien Geld ja mit rejelle Arbeit verdeinen.

In de ganze Stuw wier kein Radio un kein Fernkieker. Dor stünn allein man dat Grammofon, wo Hinni dat Fabrikteiken von afmakt harr. Dornäben leegen poor gaude Platten, an wecke de Nam von de Fabrik taubackt wier. An de Wand linkerhand 'n Burt mit allerhand Bäuker. Alltausamen wieren se ahn Ümslag, indäm dat dor ja de Verlag sien Reklame updrückt. Sogor von de välen Buddels in dat Köhmschapp harr Hinni de Etiketten afweikt. Wenn ick ok seggen möt, dat Hinni sien Dochter Ingrid de Etiketten laterhen funnen un up Vadder sienen Poppierkorw backt harr, dat de bäken smuck utseeg. Se hett dat gaud meint, säd Hinni, öwer he harr sick man mit alle Macht trüchhollen künnt, as he dat seihn harr.

Man nu seeten wi in Hinni sien niege Stuw, un dor wier rein gor nix, wat na Reklame leet. Hinni wier stolt up sien Kamer un prahlte, hier künn he sick doch verpusten von all de Reklame, de bi Dag un Nacht öwer uns rinbräken deed un wo he för wiß noch mal an dotgahn würd. Na, ick wull em bäten wat Gaudes seggen un meinte, uns Reklame hier in Dütschland wier so leeg noch gor nich mal gägen de in Amerika. Hinni winkte af. Man ick künn em vertellen, wat ick jüst in't Blatt läst harr.

»In Boston«, säd ick, »dor hebben se annerletzt 'n Oper gäben: ›Margarethe‹ von Gounod. De ierst Akt wier vörbi, de Lüd seeten as in de Kark, dor keem ein vör den Vörhang un vertellte de Taukiekers, de Herr Theaterdirekter harr'n Idee hatt. Nu kümmt dor meist wat sünnlich Dulles rut, wenn'n Theaterdirekter wat inföllt, un hier wier't ok so. Dat Spinnrad, wat ja doch hüt keinein miehr bruken deit, würd weglaten – dorför keem 'n Neihmaschin up de Bühn. Dat niegst Modell von de Firma Silent, säd de Kierl vör den Vörhang, wat so sachten rötert, dat Gounod sien Thule-Leed dorbi ierst recht na wat klingen deed. Denn güng de Vörhang wedder up, un dor seet Margarethe woraftig achter'n Neihmaschin! Se neihte un neihte – un süng dorbi dat Thule-Leed. Denn öwer lücht'te de Fabrikmark an de Maschin so recht bunt up, de Singdiern verdreihte de Ogen na baben as son afstäken Swien un bölkte lut un verleiwt: ›Dit is för wiß de beste Neihmaschin von de Welt! Un kost't man negenunnegenzig Dollar! Un sogor up Raten is se tau kriegen!‹«

Denn keek ick Hinni an un frög em: »Nu segg sülben, is dat nich noch väl leeger as bi uns?«

»Dor will ick nix miehr von hüren!« gnurrte Hinni mit rullen Ogen. »Ganz nix!« Un denn langte he na'n brun Buddel un göt twei Waderglös vull. Wier Kognak. Künn ein so rüken.

»Mi langt dat hier all!« gnurschte mien Fründ twüschen de Tähnen rut un greep na den Zigarettenkasten, wo ok wedder kein Fabrikmark up tau läsen stünn. Öwer de Kasten wier leddig. So kreeg ick denn mien Zigaretten rut. Hinni würd bi lütten wedder wat sinniger, ok de Kognak wier man einmal gaud. Wi stäkten uns jeder 'n Zigerett in't Gesicht un lähnten uns sinnig in de Armstäuhl trüch. Man dor füngen de Zigaretten upmal an tau zirsen un reeten up. Dat geew'n lütten Knall, un ut de utfransten Ennen von de Zigeretten schöten lütt Plastikbaukstaben rut: Teiken von 'n grot Autofabrik! De Zigeretten harr mi'n Reisenden schenkt.

– – –

Ick heff Hinni denn naher in de neurologisch Klinik besöcht. Öwer nu is he dor wedder rut – un as ick nülich von sien Fru hürt heff, geiht em dat all wedder bäten bäder.

GERD LÜPKE

Stratenmusik

De Ferientiet wier för uns Kinner dunn dat best von't Johr. Ick weit noch, woans ick an einen schönen Sünnendag in de groten Ferien in de lütt vörpommersch Stadt Loitz up de Rathustrepp seet – tausamen mit meinen Fründ Gunther, de hüt 'n Kraug in Malente hett. Wier jüst Marktdag dunn, un wi keeken de Buern bi't Hanneln tau. Tiet harren wi ja genaug. Dor keem mit eins 'n Kierl de Straat längs mit olle Klamotten up'n Liew un'n schetterigen Strohhaut up'n Kopp. He harr'n Quetschbüdel unner'n Arm un bugte sick dicht bi uns up. Denn hüng he sien Schipperklavier trecht un füng an tau spälen: »Auf der grünen Wiese ...« He süng dor sogor tau, un uns keem dat bannig gaud vör. As he mit sienen Strämel farig wier, güng he von einen Stand na'n annern – un öwerall kreeg he wat! Dit imponierte uns meist noch miehr as sien Singen.

As de Stratenmuskant wedder weg wier, säd ick: »Gunther, ick harr woll Lust, weißt du ...«

»Ick ok«, meinte Gunther, »öwer wi hebben ja kein Schipperklavier!«

»Oh wat«, antert' ick, »du hest doch'n Blecktrummel!«

Gunther kreeg helle Ogen: »Ja, dat is wohr! Man du möst denn singen!«

Ick müßt lachen: »Minsch, ick mit mien knappe Vier in Singen? Meinst, wi kriegen dor wat för?«

»Nee, dor hest recht«, schüddelte Gunther mit'n Kopp, »denn hissen's högstens de Hunnen up uns.«

Ick dacht'n Ogenblick na. Wier gewiß nich dull mit mien musikalsche Kenntnissen. Öwer wat künn ick doch! »Gunther«, säd ick, »ick blas up'n Kamm!«

»Gaud!« stünn he up. »Denn gahn wi los!«

Un dat deeden wi denn ok. Gunther halte sien Trummel, ick klaute mien Mudding 'n Kamm an bäten Siedenpoppier, un denn äuwten wi achter den Gorden von Gunther sien Öllern uns Musik in. »Alte Kameraden« güng an'n besten. Gunther besorgte noch'n Mütz tau'n Sammeln – uns wier tau lütt –, un wi verswörten uns, keiner süll wat äten von dat, wat wi kreegen. Dor wullen wi denn naher 'n grot Fest mit maken!

Denn treckten wi los: furs in all de Ladens von de Stadt rin, de Markt wier all tau Enn. De Lüd lachten un klappten in die Hänn', wenn wi upspält harren – de Kooplüd bögten sick vör Lachen –, un wi wieren stolt as de Hahns up den Meß. Bi'n Schlachter geew dat 'n Enn Wust, bi de Kooplüd Bontjen un drögt Plummen, bi einen sogor'n Tafel Schokkelor. De Lüd öwer, de in de Ladens wieren, geeben uns Pennings un Sechsern un Gröschens. Kennen deeden's uns ja all. Mienen Vadder seegen's jeden Dag up'n Bahnhoff, un Gunther sien Öllern harren »das erste Hotel am Platze«.

De Inhaltasch wier meist vull, dor – wi sackten binah in de Ierd –, dor keem mien Oll mit Gunther sien Mudder in'n Laden stört't. Mi würd so recht mall in dissen Ogenblick: mien Oll harr dat Gesicht, wat he ümmer maken deed, wenn ick Schacht kriegen süll. Un dor ballerte dat ok all! Öwer Gunther kreeg weck an't Mul! De beiden Groten släpten uns in de Anlagen, wo wi uns sachten henmusiziert harren. Gunther hüng dorbi in de Hännen von sien Mudder, un dat wieren di Dinger!

Denn flusterte Gunther sien Mudder mit mienen Vadder, fägte ehren Jung fix noch poor an't Mul un trök af as son Gewidder.

Man denn kreeg mien Oll uns vör! He harr uns bi den Uhren tau faten un säd mit sien indringlichst Stimm: »So! Nu gahn ji beid noch mal in jeden Laden, in wecken ji wäst sünd, spälen dor noch einen up, gäben den Koopmann alls wedder, wat ji von em krägen hebben, un seggen em, ji harren dat Ganze man ut Dömlichkeit dahn!«

Minsch, o Minsch, ick kennte mienen Ollen! Wenn de tauslög, denn deed dat noch drei Daag weih. Öwer blamiert wieren wi nu sowieso, un wat bleew uns öwer? So trummelten un blasten wi uns denn dörch all de Ladens wedder trüch un säden unsen Vers up. De Lüd lachten noch miehr as vörher, öwer wi wieren an'n leiwsten in'n Muslock krapen.

Denn wier uns Tasch wedder leddig – mien Vadder harr sick ümmer up de anner Stratensiet uphollen –, un vör de Dör von sienen Stammkraug kreegen wi beid von mienen Ollen noch fix einen an't Mul. He nehm uns de Instrumenten af, un denn künnen wi gahn.

As wi wedder achter den Gorden von Gunther sien Öllern seeten, dunn gnurrte mien Fründ dörch de Tähnen: »Mi deit dat man blot leed, dat wi den ganzen Schiet nich furs upfräten hebben! Denn harr dien Oll uns ja man naher den Mors vullhaugen künnt! – Un dat will ick di seggen, Gerd: wenn ick mal grot bün, denn revanschier ick mi! Denn schaff ick mi extra vier Jungs an – un de, dor kannst di tau verlaten, de hebben denn verdammt nix tau lachen!«

Öwer Gunther hett man blot einen Jung krägen, un de hett dat ümmer gaud bi em hatt. De groten Ferien vör föftig Johr liggen doch woll all bäten wiet trüch.

WILHELM POECK

De Buer un de Oß

Da wör mal en Buer, de verstünn sik mit keenen Minschen so got as mit sinen Ossen. Den harr he meist leeber as sin Fro. Wenn he opstahn wör, güng he toerst na sinen Ossen un sä em goden Morgen. Denn lick de Oß em mit de Tung över dat Gesicht: dormit spar sik de Buer dat Waschen. Nahst fahr he em mit den Stertquast över de Snut: dormit spar sik de Buer dat Afdrögen. Un denn güngen se tosam to Felln.

Nu wören se beid so'n bitten düsig in'n Kopp, de Buer un sin Oß, un se mussen sik een den annern an allerlei bedenken helpen. Wenn se op den Weg na'n Felln wören un de Oß slög den Buern eenmal mit sinen Stert över'n Puckel, denn harr de Buer sin Fröhstück vergeten. Denn güng he na sin Hus trüch un hol dat, un de Oß muß so lang op em töben. Wenn de Buer den Ossen tweemal mit de Pitsch över dat Fell neih, denn harrn se den Plog vergeten. Denn muß de Oß na Hus trüch un den Plog holen, un de Buer töw op em. Un wenn wedder de Oß den Buern dreemal mit den Stert op de Jack klopp, denn harr he keen Lust to arbeiden un wull leber blau maken. Meisttid harr de Buer ok keen Lust, un denn leggen se sik beid dal, de Buer ünner'n Bom un de Oß in den Kleber un slöpen erst mal bit Middag.

Aber so ful de Buer wör, so närig wör he. Nix leet he verspilln. Wenn he mit den Ossen to Felln güng, muß de ümmer en lüttje Kaar achter sick hertrecken. An den Weg na'n Felln stünn en Wertshus. Wenn de Oß eenmal in de Kaar dä, sä de Buer: »Wenn't Meß regen't, waßt de Klütjen golln. Kumm, Oß, wöllt en Kros Beer drinken!« Denn maken se bi't Werthus Anholt, de Buer drünk en Kros Beer, un de Oß kreg en Ammer Water. Wenn de Oß tweemal in de Kaar dä, drünk de Buer twee Krös Beer, un de Oß kreg twee Ammer Water. Dä he't dreemal, leet de Buer för sik dree Krös Beer springen un för sinen Fründ, den Ossen, dree Ammer Water, un so wider.

Nu köm aber'n Tid, wo all de Ossen in't ganze Land Revolutschon maken. De Weltordnung schull sik ümdreihn, de Ossen wulln de Herrn spelen, un de Buern schulln de swore Ossenarbeit don. Eenen Morgen stödd de Oß den Buern mit sinen dicken Kopp an. De Buer sä: »Licken kannst du mi, aber mit de Höörn mußt du mi ut de Büx bliben, wat wullt du?« Da sä de Oß: »De Welt het sik dreiht, von nu an schast du vör'n Plog gahn un ik d'rachter.« »Mi is't likvel«, sä de Buer, »aber ik bün nich half so stark as du, du mußt schuben helpen.« Dat wull de Oß denn ok. »Un denn«, sä de Buer, »wo ward dat mit de Pitsch? Ohn Pitsch krigt wi den Plog nich dör den Grund, dat weeßt du, aber du hest ja keen Hannen, wo du se mit fastholen kannst.« »Binn mi de Pitsch an'n Stert fast«, sä de Oß, »denn schall't woll gahn.« Dat dä de Buer, un nu plögen se tosam los. De Buer wahr sik woll vör dat Trecken un leet den Ossen schuben. Dat güng aber nich so licht as in'n Sälen. De Oß mark dat bald, dat de Buer mit Flit ful wör, noch vel fuler as he sülbst, un nu leet he de Pitsch, de an sinen Stert fastbunnen wör, susen, dat dat 'n Lust wör. Aber he neih sik blot sülbst dat Fell dormit vull, bit na den Buern lang de Pitsch nich hin. So harr em noch keener dat dicke Ossenfell dörtagelt, as he noch *vör'n* Plog güng. Op düsse Wis kregen se dat Feld aber endlich trecht.

Den annern Morgen stödd de Oß den Buern wedder mit sinen dicken Kopp an. De Buer sä: »Licken kannst du mi, aber mit de Höörn mußt du mi ut de Büx bliben, wat wullt du?« Da sä de Oß: »Bi dat Plögen güstern hevv ik Döst kregen, wi wöllt tosam in't Wertshus gahn.« »Dat lat uns denn man don«, sä de Buer. »Aber bitlang hest du dat Beer drunken un mi dat Water geben«, sä de Oß, »ik weet noch nich eenmal, wo Beer smeckt. Von nu af an will ik dat Beer drinken, un du kriegst dat Water.« »Mi is dat likvel«, sä de Buer, »denn kumm man mit, ik will den Wert woll Bescheed seggen.« Nu snack de Buer mit den Wert, un de Wert frög den Ossen, wat för'n Beer he em bringen schull, Duunbeer oder Brunbeer? De Oß wull weten, wat dat för'n Unnerscheed wör, un de Wert verklar em: Dat Duunbeer mak den Kopp düsig, un wenn en Oß dat Duunbeer drünk un füll naher in'n Graben, denn muß de dorin versupen, denn wokeen kunn woll en dunen Ossen wedder ut'n Graben trecken? Dat Brunbeer schüm aber blot en bitten in de Mag, dor käm en Oß woll öber weg. Da sä de Oß, denn schull he em leeber Brunbeer geben, aber den Buern nix anners as Water. Da bröch de Wert den Ossen en Ammer vull Brunbeer, denn noch eenen, denn wedder eenen un achter den noch eenen, för jeden von de veer Magens von den Ossen eenen, un för den Buern en Glas mit klar Water. Nu füngen se an, mitenanner antostöten, un jedesmal, wenn de Buer sin Glas mit klar Water utdrünk, muß de Oß en Ammer von dat swatte, brusende, schümige Brunbeer uttülken, so suer em dat ok anköm, denn mit Brunbeer harr he sik bit dato noch nich inlaten. De Buer worr von sin Water – wat aber in Würklichkeit gar keen Water wör, sünnern klaren Koorn – lustig un füng an, vör Vergnögen de Banken un Dischen op den Ossen twei to slan. Aber den Ossen mak dat Dünnbeer mit sinen Gest un Schum in de veer Magens en Larm, as wenn da binnen welk mit Kanonen ümmerto Viktoria schöten, un en Pin, as harr he de Windsük, un wenn em de Wert un de Buer nich gau en sößtölligen isern Wagenreepen üm't Liw legt harrn, wör he ja woll baßt. He bölk vör de Winnen as en Oß un wunner sik, dat in de ümkehrte Welt de Buern ok bi Water so lustig wören un dat dat Beerdrinken de Ossen meist ümbringen wull.

Den drütten Dag stödd he den Buern aber doch noch mal wedder mit sinen dicken Ossenkopp an. »Licken kannst du mi«, sä de Buer, »aber mit de Höörn mußt du mi ut de Büx bliben, wat wullt du denn nu all wedder?« »Alle Nacht mutt ik sünner Dek un Dack op'n Felln liggen«, sä de Oß, »Regen un Dau op mi fallen un mi von de Müggen un Flegen half dod steken laten, un du slöppst wildes gemütlich bi din Fro. Von nu an kannst du op'n Felln liggen, un ik will bi din Fro slapen.« »Mi is't likvel«, sä de Buer, »aber wenn di dat man nich röen deit, se het so ehr Nücken un kann nich mal en Floh bi sik in't Bedd liden, wovel weniger denn en Ossen.« »Dat Untüg will ik ehr woll wegjagen helpen«, sä de Oß, »woto hevv ik denn minen groten, langen Ossenstert mit den Klunker doran, lat mi man minen Willen.« De Buer sä: »Wokeenen nich to raden is, den is ok nich to helpen«, güng na de Weid, kröp in den Schäper sin Kaar un slöp as en Tunegel. De Oß leg sik nu bi de Fro dal, ganz, ganz lis, dat se nix marken schull, aber mit sin Gewicht brök he forts dör't Bett. Da fahr de Fro ut ehren besten Slap op: »Oh, wat büst du Swinegel wedder vull«, sä se un neih em mit den Buern sin Pitsch öber't Fell, un as de afbrök, mit en iserne Hark, dat den Ossen de

Tinnen dorvon mehr steken as all de Flegen un Müggen op de Weid, un denn göt se em all dat Water, rein un ful, wat se in de Kamer un buten de Kamer finnen un faten kunn, över dat Liw, dat he glöw, all de Platzregens un Dau von't ganze Jahr füllen över em in düsse eene Nacht. Un sovel he ok seggen much, dat he ehr blot de Flöh mit wegjagen wull, un sovel he ehr ok mit den Quast von sinen Stert über dat Gesicht strak, üm ehr de asigen Mücken aftouhlen, je duller käm se över em, so dat he endlich dat Feld rümen muß un wedder na sin Wisch hinlöp, wo he alle Nacht so kommod slapen harr. Da stünn den Schäper sin Koar, as wenn't en Lad för en got Geweten wör, un in de snork de Buer, as wenn twintig Timmerlüd Holt sagt. Da stödd he de Klapp von de Kaar apen un steek sinen dicken Kopp dorin un lick den Buern as vörmals un sä: he harr nu nog von de verkehrte Welt un wull wedder Oß wen, un de Buer schull wedder Buer wen, un he wull sin Regen un Dau un Müggen un Flegen beholen, un de Buer schull sin Fro beholen, un so wullen se in Fründschop un Enigkeit tosam leben as fröher.

Damit wör de Buer inverstahn, un sör düsse Tid geiht de Oß wedder *vör'n* Plog un is sinen Herrn nich wedder mit de Höörn in de Büx kommen.

HARRY REUSS-LÖWENSTEIN

Mattien Quast sien Lustkutter

Dat is jo nu mol nich anners op de Welt, jede Minsch hett so sien'n lütten Vogel, ohne denn he nich leben kann, un Mattien Quast, de Stauerviz, harr sogar 'n ganzen Barg.

Utwussene Kreihn weren dat all, meen Mathilde, sien Oolsch, wen he ehr mit siene fimmeligen Infälle keum.

Dat heet, he harr ümmer een Piepmantje to Tied, dat güng mit Aflösung – mol harr he dat för dull mit de Peer un verwichs sien Geld op de Rennbohn, denn weur he mol 'n Tied lang in'n Athletenverein un bedreev dat Ringen un Boxen bannig iverig. Ober nodem se em dat Nesenbeen so dennig schamfielt harrn, dat he utseeg, as harrn se em mit de Snut mang de Huusdöör klemmt, dor weur em de Oort Sport doch leed worrn.

Denn kreeg he dat mol mit de Jägeree un mok mit sien Scheetgewehr de Gegend twüschen Cranz und Moorborg unsicher. Dat weur jo so wiet ganz scheun, ober de Sünndagsjägeree is hütigendoogs ook all 'n suures Handwark, dat eewige Tarren un Gefroog vunwegen, »wat hest schoten?«, un denn köst son gammeligen Hos ook all 'n Patschoon Geld.

Ober de leeve Gott keem unsen Mattien to Hölp un sorg for de nödige Afwesselung. As he obends in Moorborg noch bi'n Glas Grog op den Damper teuben muß, lehr he dor so'n poor Brööder kennen, de 'n lütten Lustkutter verschüern wullen. Dat weur nu man 'n ole Reddungsboot vun irgendeen verschullenen Damper, wat sick eener as »Lustfohrtüg« torechtmokt harr. »Fiefhunnert Mark, dorför weur dat Dings funnen«, meenen een poor Unparteiische, de lang keen' Grog för natt kregen harrn. Lustkutter? Seilen? dacht uns Mattien, dat weur doch mol wat anneres! Un dorbi mol he sick in Gedanken all ut, wat siene Moten Sargendeckel un de backbordsche Füürtoorn wull für

Oogen moken sullen, wenn he jem to so 'n lütte Vergneugungsfohrt no Glückstadt op siene nee 'e »Jacht« inloden dee.

Na, wat sall ick veel snacken, se schünn' em denn ook richtig dat oole Dings an, nöömten em »Käppen« un luchsen em denn noch en poor Runnen af. »Mathilde« harrn se denn Kutter dofft, vunwegen sien Oolsch, de bitterseute Tille, un dat harr Mattien noch 'n Extrarunde kost. Veel Staat weur jo mit dat Dings nich to moken, denn wenn son ool isern Reddungsboot erst mol kondemmt ward, is dor meist ok nich veel mehr an.

Ober soveel verstünn Mattien dor ook nich vun, ünner uns seggt, he harr gor keen Ohnung, nich von Fohrtüg un all gor nich vun 't Seilen. Wat he freuher as Trimmer oder as Flunki fohrt harr, dat kreeg keener spitz, ober sien Snacken weur ümmer so, as dat bi Seelüüd begäng is. So keeken sien Bekannten em all as en bannigen Fohrensmann an. Un Mattien much sick in de Oort ganz geern 'n bitten opspelen.

Dat weur jo mol wedder 'n Gelegenheit, as he an annern Obend sien beiden Frünn'n dat bi 'n Skot vertellen kunn.

Ober mit de beiden mutt ick joo erst mol bekannt moken: Hinnick Meier, freuher Rullwogenkutscher, harr nu 'n lütt »Fuhrwesen und Speditschoon«, Meyer & Konsorten, dat heet, de Kunsorten weur he sülben; beuse Lüüd behaupten, dormit weur sien Oolsch meent, wat dat Muulwark angung, tell se for dree. Hinnick weur so 'n troohartigen langen Sleef mit 'n Kinnergemööt; he harr mol mit 'n Glimmer op de Alsterdörper Schossee en Sark verloren, dat he eenerswo afflevern sull, bloß denn Deckel bröcht he an 'n Loden; siet de Tied nöömten siene Frünn em bloß noch »Sargendeckel«. De annere Moot, Theodor Schmalz, de backbordsche Füürtoorn, harr sien rode Nees düssen Eekelnoom to verdanken. De roode Gork weur sien Plaag, un he pütscher eewig dormit rüm, um se wedder minschlich to farben, ober nix wull helpen.

He weur Keeshöker un harr an Schoormarkt 'n scheunes Fettworengeschäft; ober all de Wüst un Schinken weurn för em man bloos to 'n Ankieken, denn he weur Fegetarioner un Naturheilapostel – vun wegen de roode Nees!

So leev he as Naturminsch, droog keen Strümp, man leup barft in sien utpeddte Stebeletten, Krogen un Manschetten fohr he ut Poppier.

Een plietschen Jung, wenn dat üm Geldverdeenen güng, ober in praktische Soken weur he man tüffelig und full över sien eegen Fööt. Un een groten Bangbüx!

As Mattien nu so bilöpig sää, dat he sick de »Mathilde« kofft harr un jem to 'n Sünndag inloden dee, mit sien »Jacht« 'n lüttje Probefohrt no Glückstadt dol to moken, weur Sargendeckel glieks Füer un Flamm. Ober de backbordsche Füürtoorn erkunnig sick as vörsichtige Mann erst mol, wat dor ook 'n Reddungsboot bi weur, denn Woter hett keen Balken! »Minsch, wo Mattien doch 'n olen Fohrensmann is! Un denn mit dien Stebeletten un bobento Poppierwäsche kannst du noch nich ünnersacken«, meen Hinnick. Teetje tröck 'n Flapp, ober nodem Mattien em tosworen harr, dat sien Jacht een richtiges Reddungsboot mit Luftkassens weur un nich versupen kunn, leet he sick richtig besnakken. So weur de Kru denn jo glücklich anmunstert; Mattien as Reeder un Käppen, Sargendeckel as Stürmann un Smolt as unbefohrene Jung. Wieso? meen he driest – he harr letzten Sommer mol op de Alster in 'n »Pönt« schippert. »Minsch, wat du di dor op de Alster in so' n tweeslöpern Bettstell rümwöltert hest, dat tellt hier gor nich mit«, sä' Mattien minnachtig, »wi goht op groote Fohrt, dorvun hest du gor keen Vörstellung, du arme Wees!«

Nu weur noch de Utrüstung to besnacken. »De Jung mutt för den Provjant sorgen, versteiht sick jo woll von sülben, ick beschaff wat in 'n Buddel, un Sargendeckel kunn wat to smeuken mitbringen«, sä Mattien. Un denn wullen se sick an Sünndagmorgen Klock tein an de Neemöhlener Landungsbrüch dropen. – Ober erst müssen de Froonslüüd noch begööscht warrn – de bitterseute Tille un Hinnick sin »Kunsorten« wullen afsluut mit, dat mit den Provjant un de Nattigkeiten harr jem bannig mißtroosch mookt. De Frünn wehrten sick as de Leuwen; Mattien sä, dat güng nich, künn he nich verantwoorden; he müss eerst sien nee'e Besatzung inexerzieren. Un denn – weur jo ook keen Toijalette an Boord! Düsse bedenkliche Sok mook sichtlichen Indruck. Ober eerst as Mattien versproken harr, jem Klock twee nomiddags vun de Blankneser Damperbrüch mit no Altno roptonehmen, weren de beiden toofreden. De Kunsorten fraag noch tutig, wat he dat so genau bereken kunn. »Ober Mudder«, sä Hinnick mit siene blauen Kinneroogen, »wo Mattien doch so 'n olen Fohrensmann is.«

Sünndagmorgen! »Wat, Lustjacht nennst du dat?« füng Sargendeckel an to hissen, as se all dree an Bord güngen. »Dat is jo 'n blickern Waschbalje!« Dormit harr he sien Käppen ober böös an de Buur stött. »Wat? Stohl is dat, kannst di too verloten!« gnatz Mattien. »Öberhaupt will ick joo mol wat seggen. Hier an Bord heff ick dat Seggen. Vun nu an warrt op mien Kummando höört, un ohne Wedderwöör! Kann ick verlangen!« »Höh, man nich gliek so basch, Mattien!« smuster Sargendeckel. »Klor! Wokeen op 'n Buck sitt, de kriggt oog de Pietsch in 'e Hand!«

Nodem Provjant un Kromstücken verstaut weer, heet dat: Seils opsetten. Dat harr ober allerhand Nücken; Mattien fluch un futer vun: ganz dwatsche Tokelosch! – So wat Malles weur em bi de Seefohrt noch nich begegent. Ober toletzt keumen se doch dormit to Schick – 'n bitten putzig seeg dat jo ut, dat is jo ook nich eendoont, wenn dat Toppseil as Fock heißt warrt.

Nu fehl man noch een Deel – 'n bitten Bris.

Dat weur so 'n warme, bruddige Luft un keen Feesen Wind. Ober keen kann dor ümmer op luern? De Käppen nehm dat Rooer – in un ut 'n Hoben mutt de Koptein stüern –, Hinnick heiß de Flagg und trumpeet dorto mit siene dicken Lippen 'n Parodemarsch. Tetje Smolt stünn kloor bi de Vörlien.

»Leggoh de Vörlien!« kummandeer de Käppen.

De Boot füng an, langsam achterut to drieben.

»Hurroh, he geiht!« schree de backbordsche Füürtoorn un höög sick.

»Chottsverdammi, wi fohrt jo oorslangs!« verwunner sick Sargendeckel. »Prr! Öh ha, öberstür!«

O weh, dat weur jo noch Floot – dor harr de Käppen gor nich an dacht.

»Holl fast dor vörn«, bölk he. »Fix, holl fast!«

»Minsch, Mattien, dreih doch de Brems' an!« reup Hinnick.

»Wat, wat«, stomer de Käppen un keek sienen Stürmann ganz verbiestert an.

»De Brems', de Brems' schast andreihn!« gröhl Sargendeckel. Mattien wull em jüst anschnauzen, dor stött de Füürtoorn een jämmerliches Geschree ut: »Hölp, Hölp!«

De seet ober ook bös in 'e Kniep!

Vörn holl he sick an 'n Pontong, achtern leep em de Boot unner de Been immer wieder weg, he stünn all op de Töönspitzen un mook sick so lang as 'n Regenworm.

»Holl di an 'n Tuun, Tetje!« schreeg Hinnick, sprüng to un kreeg gerode noch een n' Foot to hollen; he treck dor sutje an, üm de Boot wedder an n' Pontong to kriegen. – Boutz! – Door leeg he mang de Duchten, Been hoch in 'n Enn – Smolt sien oolen Stebel in 'ne Hand.

De spaddel in Doodesangst mit eenen barften Foot an den Pontong un schreeg, as wenn he affslacht warren sull, bit em 'n por Lüüd roppholen deen. Dat weur för de Sünndaagschen Gäst op de Neemöhlener Brüch 'n bannige Höög. De »Mathilde« dreew noch en End wiider bit' no 'n Heihoben, dor kreegen uns' Seelüüd sick toletzt an 'n Tjalk to faten; mit Hölp vun den Knecht roonten se wedder no denn Pontong ran.

»Wat du dor ook keen Brems' an hest, dat hett doch jede ole Greunhökerwogen«, schüttkopp' Sargendeckel.

»Och, du büscho breegenklüterig«, knurr' de Käppen, »ji harren man beter fasthollen sullt!«

Denn keem de verunglückte Füürtoorn op eenen Steebel as so 'n lohme Lünk antohüppen. Ganz witt üm de Nees un sä' keen Woort. Wenn eener sien gewissen Dood so vör Oogen sehn hett, pleggt he ümmer 'n bitten still to sien.

He hau in 'n Sack, wull no Huus, brummel he.

»Man nich so muulsch, Tetje!« trööst em Sargendeckel. »Dien Stebel blifft hier, un mit eenen barften Foot no 'n Schoormarkt hüppen, dat schast woll noloten!«

So kladder Tetje denn erst mol wedder rin in de »Mathilde«, sünst harr he ook nix vun't Freuhstück affkregen – de annern beiden weuren all feste bi.

Se wullen nu erst mol de Ebb' afftööben; Klock twölf sett de Strom in, sä' de Knecht vun de Tjalk, un Bris' keum ook noch 'n ganzen Barg!

Na, de Mann muß' dat jo weten; no de Oort, wie he jemmern Kunjacksbuddel lüften deeh, müss he allerhand Fohrtied hebben. He güng ook nich, ehrer de Buddel lenz weur, denn kreeg he dat mit 'n mol iilig.

Bi dat Frööhstück harrn de dree Moten wedder frischen Moot kregen. Wieldess füng dat Fohrtüch an to swojen.

»Aha, de Ebb sett in. Klor to 'n Loossmieten!« reep de Käppen.

So bi lütten würr dat ook Tied, dat se in de Gang keumen – Klock twee sullen se jo Tille Nummer twee un de Kunsorten affholen, vun de Blankeneser Brüch.

Aff un denn leepen ook all ganz lies 'n poor Kattenpoten öber dat blanke Woter.

Um sick nich unnödig wedder to blameeren, schööben se sick dütmol ganz sutje vun Pontong af un leeten sick in 'n Stroom drieben, dor weur nu so veel Keuhlt, dat se eben Stüer hollen kunnen.

Dat weur doch all wat; Mattien smeet sick bannig in de Bost, un Hinnick spor nich mit Anerkennung.

»Kiek, Tetje, hett all sien Kunst! Dat mutt man di loten, Mattien, du versteihst din Kroom; wenn ick miene Bruunen vörheff un Lein' un Pietsch in 'ne Hand, kann ik ook fohren, ober mit so 'ne Kummood, wat keen Kopp un Steert hett, weet ick nich Bescheed.«

De Füürtoorn keek benaut no de Brüch, de ümmer wieder achterut bleew, un dat veele, veele Woter. Dor kunn en doch bang warrn.

Se dreben bi 't Parkhotel vörbi, Dübelsbrüch, Nienstedten. Lütte Dampers keemen jem in die Mööt mit Musik, de Passenschiers winkten mit Taschendöker – denn keum 'n groten Akziendamper op.

Dat mok doch bannigen Spaß! Door weur nu ook all mehr Bris'; de »Mathilde« legg sick onnig so 'n bitten op de Siet. Mit eenmol schreeg Hinnick: Wi hebbt 'n Leck!« un wies' ganz verbiestert op 'n Boden, wo dat Woter ünner de Footbreder rutkeum.

»Wat Leck – 'n bitten Woter mokt jedes Fohrtüg, dat ward eenfach utööst.«

Jawoll, dor weur man keen Ösfatt. Hinnick wull een vun de Füürtoorn-Stebeletten hebben, ober dor würr Tetje bannig giftig. To 'n Glück harrn se noch 'ne leddige Kunnetbiffdoos, dormit güng dat ganz good to moken.

Ober wenn de Minsch Malleur hebben sall, geiht allens scheef! Hinnick harr sick nich vör denn Proppen wohrt, mit denn dat Speegatt in Booden toostoppt is – mit sien Ösfatt harr he em rutstööt un schüffel em mit öber Boord.

Een dicken Strohl Woter scheut in de Boot. – »Holl dicht!« schree Mattien. »Holl dicht! Fix, steek denn Finger in, ans versuupt wi!«

Hinnick wrang sien dicken Finger in dat Proppenlock un stopp' dat Leck.

»'n Proppen, 'n Proppen«, bölk Hinnick, »nu geew mi doch mol eener 'n Proppen!«

Jä, harr's man een', dor weur nix to finnen, de harr de Keeshööker all öber Boord flenzt.

»Na, dit kann ja heiter warr'n«, stöhn Sargendeckel, »sall ick hier villicht so in 'ne Huuk besitten bliwen?«

Door blew ober nix anners öber, wenn se nich afbuddeln wullen. In 'n Stroom leeg 'n grooten Damper vör Anker, dor holl Mattien op too, de kunn jem gewiß 'n Proppen geben!

Hinnick weur ok all gnadderig, dat trock em schändlich in't Krüüz, un sien Finger weur all answull'n, schimp he.

»Lütt Oogenblick noch«, treust em de Käppen. »Wi wüllt wull 'n Proppen kriegen!«

De Wind weur wedder inslopen, ober de Ebbstrom leup all teemlich hadd un neem jem mit. An Stüern nich to denken, de Boot nudel ümmer rundüm as so 'n Karussell.

Mattien muß 'n Reemen nehmen un mit anroo'n, sien Stüerboordwach muß dat Leck stoppen, un de backboordsche kunn nich puhlen. So keumen se an den Damper ran un schrammten an de Boordwand langs, ganz achtern hüng 'n Enn öber, dor hollen se sick an fast un sungen ut, wat se kunnen: »Schipp-ahoi!«

Ober de Damper weur total utstorben, as dat schien, keen Minsch leet sick an de Verschanzung sehn.

Nu grölten se ümmer duller: »Halloo, ji Quitjes dor boben, kiekt doch mol öber!« Mit 'nmol bums' wat öber de Reeling, un »Husch!« kreegen se 'n Pütz Woter öbern Kopp.

Mit Prusten un Schimpen leeten se dat End susen un achterut gesett, dat se vun denn Damper free keumen.

Hinnick weur bi sien Bohntje jo nich no Lachen tomood, ober de Keeshöker sehg ook too gediegen ut; he weur quatschenatt, un siene Poppierwäsche hüng sladderig as Tunner.

»Na, nu loot uns man fohrts röber no de Blankneser Brüch hollen, sünst driewt wi dor ook noch vörbi«, meen de Käppen un wisch sick de natte Snut af.

Hinnick stöhn un gnegel, ober he höll tapfer ut.

Mattien kunn all düütlich sien Tille op de Brüch erkennen; se wink mit denn nee'n Sünnenscherm. He spee sick onnig in de Hand, neem denn Wriggreemen un woddel as so 'n Unkloken, um neeger no Land to komen. Dat lang nich so recht! Dor keem all de Brüch.

Ehrer se sick verwohrten, dreeben se mit 'n gleunige Fohrt dicht an de Brüch vörbi. De Wieber krieschten: »Stop! Nehm uns doch mit!« un keeken verwunnert, worüm se so iilig bi jem vörbiflutschen deehn. Mattien angel noch mit denn Bootshaken – üm 'n hangen Hoor –, ober dat güng bitoo! – Heidi! full de Hoken öber Boord! – Gau ant Rooer-Hadd öber! – »Backboordwach kloor bi 'n Anker!« dröhn sien Kummandostimm.

De Füürtoorn sprüng no 'n Anker. –

»Fallen Anker!« –

De Backboordwach mook 'n dummes Gesicht un keek verwunnert den Draggen an. –

»Du, Mattien – . . .«

»Smiet weg dat Anker!« gröl de Käppen.

»Dat geiht nich, dor i-i-s«

»Dibber nich lang, smiet weg!« bölk Mattien.

»Minsch, Mattien, dat . . .«

»Wat to 'n Deubel hest du dor noch lang to sabbeln, smiet doch dat Anker öber Bord!« reup nu ook Hinnick wütend.

»Dat geiht doch nich«, jaul de Backboordwach.

»Wie driewt op de Steen«, schree Mattien. »Wullt du Oos gehorchen! Smiet weg, du Kannickel, ans versuupt wi!«

Plumps! – flöög de Draggen öber Boord. –

»So, nu holl fast dat Tau! – Holl doch fast, du Torfkopp, wi driewt jo op dat Stack!« –

»Door is jo gor keen Tau anwest, dat heff ick doch ümmerlos seggt«, wimmer de Füürtoorn beleidigt. –

De Käppen stünn 'n Oogenblick, as harr he een vör 'n Bleß kreegen, as Napoleon bi Waterloo – dor geew dat 'n Schööw un 'n Krach – de Boot gnirsch op de Steen.

Hinnick schree: »Au, au, au!«, bößt as so 'n Wohnsinnigen in de Höcht un slenker mit sien blöödigen Finger – he harr em to wiet dörchsteeken hadd –, dor legg sick de Boot ok all op de Siet, buddel vull un koppheiß.

Grotes Gekriesch op de Brüch! –

Se hollen sick an' Kiel fast. Sargendeckel brüll um Hölp, dat't bit no Hamborg to heuren weur. De Füürtoorn wull an Land swemmen, he spaddel un prust as so 'n Walfisch, ober as he sick umkeek, weur he noch ümmer bi de Boot. Dor klammer he sick gau wedder fast un schreeg nu so gräsig um Help, dat Hinnick för Schreck still sweeg.

»Tier di nich so, holl dat Muul, se holt uns jo all!« snoter un bibber Mattien twüschen de Tähn.

Vun alle Sieden keumen de Bööd anflitzen, dat weur so recht war för de Heeringsbännigers, de mit jem' ehre lütten Fräuleins to 'n Sünndagnomiddag schipperten.

Denn weuren se glücklich opfischt un op de Brüch affsett, wo de opgeregten Wieber jem wohrneemen.

»Ochott, Ochott, mien Hinnick«, snuck de Kunsorten, »ick dach, ick kreeg di gor nich wedder to sehn!«

»Ober Mudder, quark doch nich«, grien Sargendeckel, nu all wedder vergneugt, dat he eerst mol sien Finger ut dat verdammte Proppenlock rut harr, »ehrer kunnen wie mit 'n besten Willen nich – un överhaupt – wat wullt du – de Klock is nu eben eerst twee!«

FRITZ STAVENHAGEN

De Köksch

Dat giwt keen Stadt, de so schiere, dralle Kökschen hett as Hamborg. Wenn so'n Deern in ehr frischwuschen, hell Kattunkleed, dat bi jeden Schritt von Amidam man so knittert, an een Frömden ope Straat vörbischeest, sparrt he Ogen un Mul op. Un hett se denn noch ehr lütt witte Mütz ut tollte Spitzen up – jammerschad, dat de Deerns von hüt dor nix mehr von weeten wüllt – un kiekt dor ut de korten Puffärmel so'n poor starke, gesunde, runde Arms rut – dammi, denn huppt sogor so'n richtigen Hamborger Jung dat krüsche Hart in'n Liew. Dat is de echte Hamborger Köksch, de wi lieden mögt.

De Sorte hett Murr in de Knaken un – Hoor op de Tähn. Un von dat Slag is Anna een, de forsche Anna, de babento ok noch'n Patschon Kurasch in'n Liew hett.

Gestern obend – se harr de Kök in Ornung un sik sülm so'n beten frisch makt – seet se op den wittschürten Trittstohl un dröm vör sik hen. Un dorbi bleben ehr Ogen an den linken Ringfinger hangen. Se weer all eenmal verspraken west. Worüm ok ni? Wenn dat vun'n Kerl gelt: »Wer niemals einen Rausch gehabt, das ist kein braver Mann!«, denn so is dat för ehr noch veel wohrer: »Wer niemals einen Ring gehabt, das ist kein braves Weib!« Aber wenn sik so'n Mannsperson denn abslut nich kuschen will – na, denn nich! Dor lett se em lopen. Twee harte Steen malt man slecht, un Anna is'n heel harten. Se kann bloß 'n Mann bruken, de ehr dat Regiment godwillig überlett. He ward nich slecht dorbi fohren; denn se versteiht den Rummel un weet in de Welt Bescheed.

Nu is dat aber wedder ganz natürlich, dat düsse weeken Kerls sick nicht gern ranwagt an so'n hartes Stück, as Anna dat ist. Se hebbt womöglich all lang insehn, dat jem akkrat düsse Hälfte to jem ehr Fortkamen fehlen deit; aber se tarrt un tiert sick un verpaßt ewig de

Gelegenheit, mit so'n forsche un för ehr drönige Ort veel to flinke Deern sik uttospreken.

De elektrische Bimmel reet ehr rut ut't Drömen.

»Goden Obend, Tütendreiher! Dat sull doch erst to morgen freuh sien. Na, denn man rin!«

De breede gootmödige Minsch puste mit den sworen Korf vull Hökerworen rin in de Kök. »Tütendreiher« harr se wedder seggt! Wat mutt se em bloß ümmer för'n Buern hebbn? Ut alle Ecken vun sien truschüllig Hart harr he all sien bitten Kurasch tosamenschrapt; he wull vonabend würklich mal utpacken. Un nu gliek so'n Näsenstüber!

Anna verstaute all de vullen Tüten furts in't Kökenschapp oder mök se leddig in de blauen Kruken.

»Worüm bringt dat denn de Jung nich? He is doch nich krank?«

De Kramer harr sick op den Stohl doolpackt un leet sien Ogen ümmer achter de hilde Deern loopen. Donnerwetter! Wenn de ja seggen weur, de wull den Kram wull kriegen. Un denn weur sien Vadder ok mit de Moneten raffrücken!

»Hm? Is he krank?« frög se noch mal, as he gor nich antern däh.

»Nee, nee, krank is he nich.«

»So – na, dat weur ok wull'n bitten veel för den lütten Jung. Wi kriegt hier nämlich Beseuk, un deshalb mut ick all's so'n bitten weder opfülln. Denn bruk ick doch nahher nich um jeden Dreck öber de Strot.«

»Nee – hm – dat's wohr. – Wi harrn dat ja ok gern herbrögt.«

»Na, dat is ober beter, wenn de Loperie nich nödig is.«

He keek na de blankputzten koppern Ketels un Grapens baben op dat Kökenbort, op den sneewitten Marmorfootbodden, op de blitzen mischen Herdstang. Wat weur dat allns in Swung! Em weur hier rein behaglich to Sinn. He lä sick trüch un dröm mit halwapen Ogen. De Kökenlock tickte, un de Gasflammen summsten, un bi düsse Musik weur he meist toslapen. Herrje, he wull ja snacken vunabend!

»Ick, Anna – – wulln Se nich bald – ick mein man so – ob Se nich bald heiraten wulln?«

»Aber gewiß will ik heiraten! Gewiß! Wenn ick bloß erst 'n Mann har. Mien Beden möt doch mal helpen:

Alle Morgen früh,
fall ich auf die Knie.
Lieber Gott! Hör mir doch an
und geb mir bald einen Mann!
Hest du ok keen Swattkopp mehr,
Ei, so gew den Rotkopp her!

Aber so'n Prüntjehöker dörf dat nich sien, de mi jeden Dag Kandis versprickt un . . .«

»Dunnerwetter! Den hew ick weder vergeten! – Dat is doch ok rein to dull!«

De »Prüntjehöker« harr em wedder mächtig anpackt. Of se dat woll in'n Eernst meent harr?

»Dat – dat Se mi bi jede Gelegenheit glieks utlachen dohn, dat – deiht mi leed, kann ick nich recht finn!«

»Na, na! Se kamen mi öberhaupt hüt ganz anners vör. Is wat nich in Ornung?«

»Ja, ja . . .«

»Ja. Aber 'n bitten komisch kamen Se mi vör. Hebben Se sick woll argert?«

»Ja, gewiß hew ick mi argert! Wat hett de Kerl mi glieks optoschrieben! So'n . . .«

»Werker hett Se opschreeben?«

»Ach, dat wär hier eben; hier an de Eck von Goosmark un Dammdohrstrot. Ick hew den swer'n Korw op'n Nacken un goh ganz richtig op'n Fohrweg. Dor staht dor aber so veel Lüd, de all in'e Bohn stiegen wölt, un ick will doch nich stunn'lang dor stohn un lur'n; na, ick pett denn eben mal son' tein Schreet lang op'n Trittewor. Glieks fött mi ein an Rocksarm un röpt, as ob ick dow wär:

›Wie *haißen* Sie??‹

Ick dreih mi um: ›Wat is denn los?‹ segg ick.

›Ick frage Sie, wie Sie haißen?!‹

»Wat is denn los? Wat is denn los?‹ segg ick.

›Sie sünd hier auf'n Trittewar gegangen‹, und dorbi wiest he mit'n Bleestift an'e Eer, as wenn he de Börgermeester wär.

›So‹, segg ick, ›denn kann ick ja weder dahlgahn‹, un will ok all runnerpetten. Dort treckt he mi weder trüch un seggt, ick scholl keen dummen Witze maken. Na, ick segg em denn mien Nam und goh.

Nu seggen Se mi mal, wat hett de Kerl mi optoschrieben?«

Anna ehr Kurasch keem bi disse Ungerechtigkeit höllisch in de Been.

»Wat? De Kerl! So'n . . .! Na, teuw! Denn will ick mi mal ansehn! Dat dörft wie uns nich gefallen laten! So'n . . . so'n . . .!«

Se leep in die Kök op un dal un höl gor nich wedder op mit Schimpen. För en Kerl, de sick so wat ruhig gefallen leet, möß se in de Bucht springen! Un erst recht, wenn dat de gode Krukkramer – – – Na, eenerlei! Se leet sik so wat nich gefallen!

»Denn Korw! Denn Korw bring ick trüch! Un op'n Trittewor will ick gohn, ganz hen! Mal sehn, wer mi wat seggt!«

»Nee, nee, dat geiht nich. Dat kann ick nich lieden. Eegentlich har he ja ok ganz recht, aber he har mi doch dat in' annern Ton seggen künnt. Se söll'n sick dorüm nich in'e Patsch setten. Geben Se denn Korw man leiber her.«

Anna weur bannig in de Fohrt. Se weur meist grow, sogor gegen den, den se eegentlich helpen wull:

»Röhren Se mi nich denn Korw an! Denn bring ick noch hüt obend trüch. Wi hebbt noch 'n Barg olle Zeitungen hier ling'n, un dormit will ick em vullpacken, bit boben hen! Dormit will ick op'n Trittewor gohn! Is deselbe Kerl noch dor, denn renn ick em um! Renn em um, dat he op'n Rück' to liggen kümmt!«

De gode Mann wull ehr begöschen – aber dat holp nix. Wat he sick vörnahmen harr, möß he opgeben un möß mit hangen Ohrn afftrecken – ahn den Korw. Wenn he ehr de Sak doch bloß nicht vertellt harr!

Na korte Tied weur Anna dorbi, den sworen, vullpackten Korw de Dammdorstrat langtosleepen. Dat Flechtwark jiepte bi jeden Schritt, aber forsch pett' se vörwarts – ümmer in de Mitt vun dat smalle Trottowar. Bi dat nattkole Wedder leepen ehre barven Arms rot an, as wull dat opregte Blot dör de Hut dör. Wenn dor een mit'n Nadel rinpeeken däh – dat Blot weur ja wull söben Milen gegen den Mond sprütten. Dat heet, wokeen dat wagt harr, de harr in'n sülben Ogenblick Anna ehr slanke Hand achter de Ohrn föhlt, dat he de Engels in'n Himmel harr singen hört. Öberhaupt, man kunn ehr an't Gesicht sehn, dat se fünsch weur; un jedereen güng ehr ut'n Weg. En Arbeiter, den se anrempeln däh, frög ganz fründlich: »Hallo, Mine, kann ick'n bitten in dien Korw sitten?« – »De is all ganz vull Lepels, dor geiht keen Sleew mehr rin!« Se smeet em de Antwort int Gesicht un stappste wieder. Junge, ehr schull mal eener in'n Weg pedden, den wull se bi: freies Leben! Sühst woll! Ut de Bookstabenstrat – so nöm se de ABCstrat – keum ehr'n blanken Helm in'e Möt. Ehr steeg dat hoch bet an'n Hals. De schull ehr bloß anticken! Un he keum op ehr to.

»Du, Mile, goh mol eben 'n bitten von'n Trottewor dol. Süh, ick dörf dat nich lieden. Ick verswinn hier gliek bie 'n Valentinskamp um 'e Eck, denn kannst je wedder ropgahn.«

Dor stünn Anna, as harr ehr een op Og slan. Se sett' den Korw dal, keek sick den verdeubelten Kerl an un stemm de Arms in de Siet:

»Süh! Dat lat ick mi gefalln! Dat is doch mol 'n Hamborger Jung!«

»Dat's 'n Büx! – Junge! Junge! Hest du 'n por Arms.« Dorbi kunn he dat nich laten, ehr dor mal rintokniepen. Anna dach: »'n ehrlichen Minschen droff dat geern mal probeern.« Se harr jümmer markt, dat se dormit am wietsten keum. »Na, denn atüs, Mile; un teuw man, bit ick um de Eck bin.«

Anna nöhm ehrn Korw wedder op un güng öber de Strat dörch den Hemdsärmel in de Königstrat rin. Dor weur se bi den Krukkramer anlangt. De freug ehr ganz benaut: »Na, wo is 't afgohn?«

»Ah, fein, großardig! Ji Mannslüd weet doch ok mit gor nix fardig to warden. Mi wull de Konstobler denn Korw noch mit anfoten helpen. Ick segg jo: ick mutt man komen! Denn geiht de Krom immer.«

»Na, wenn dat man wohr is. – Dat möten S' mi vertellen; setten sick man op den Stohl, he is 'n bitten wackelig, aber hüt abend ward he sachts noch holln.«

»Könt wi glieks probeern!« Plumps, leut se sick op den Stohl fallen, dat de krachen däh, un denn vertell Anna, aber mit'n örndlichen Swung.

»Na, wenn Se denn immer so 'n Glück hebbn, denn –«

»Glück, Glück? Nee, Hein! Mot, Korosch hew ick!«

»Na, jä – wenn Se denn immer de Korosch hebbn, denn – denk ick – – Na, Lütt, wat wullt du denn hebben?«

Möß em nu jüß 'n lütten Kunden steurn! Aber eengol, dat weur nu fest in em: Hüt abend wull he ehr fragen. He geew den Lütten gau de

Bontjes, de he hebbn wull, un denn weur he wedder mit Anna alleen.

»Ick meen man, wenn Se so veel Korosch hebben –«

»Jo, dat hew ick jo bewiest. Ober sall ick Ihnen mol watt seggn! Se kaun dor an een Saak rum un kön' dor nich mit to Stand komen. Ick hew dat jo all langs markt. Sall ick Ihnen mal 'n bitten helpen?«

»No, jä – wenn Se dat dohn wulln. Se kön'n ja ok alls so god.«

Harrn ji nu tohörn kunnt, denn harrn ji markt, dat 'n Hamborger Köksch all de öwerkrüppschen Fronslüd wiet vorut is. So'n Deern treckt sick nich an as'n Kerl, will ok nix weeten vun't Wahlrecht un so – aber dat Leben packt se an, un wo de Mann stoppt, dor grippt se to. Worüm nich ok bi de Brutwahl! Worüm sall'n Hamborger Köksch sick nich ehrn Brögam wählen dörben! För *dat* Wahlrecht weur Anna dörchut to hebbn:

»Hör mal to, min Jung, du geföllst me ja all lang. Ja, allns wat recht is. Sünst har ick mi ock nich immer so lang ankieken loten, denn för dat Ankieken mit so lurige Oogen bün ick ganz un gor nich. Leeber mol toslan, ick will mi woll wehr'n. Wenn du mi wullt, worüm süll ick nich jo seggen? Gewiß! segg ick, hier, nimm min Hand! Wenn du wullt, ok alle beide, da?«

Un Hein lang to – na alle beide. »Jo, jo, jo«, stammer he bloß ümmer voll luder Freid. Ganz lurig keek he ehr an, un denn wull he ehr an sick drücken, aber – de verdreihte Toonbank stünn dortwüschen. Dor föhl he sien Mannsknöw – he harr nich umsünst so'n breeden Puckel – un böhr dat – weet Gott – nich lichte Stück mit'n Wuppdi op de Toonbank. Dor seet se.

Anna juchte hell up, un ut Freud öber den forschen Kerl fat se em üm un gew em den ersten Kuß.

Un dat weur een! So'n kannst' bloß vun'n Hamborger Köksch kriegen.

OTTO TENNE

Meyer & Meyer

Dat is Klock fief an 'n Nahmittag.

»Tut – tut!« makt de gröne Damper, dat schall heeten: »Nu treckt dor baben up de Landungsbrügg de Been mal 'n beten lang – glieks geiht dat los!«

Do kümmt ook richtig noch 'n junge Deern anloopen, flink as 'n Katt, wenn se achter de Müs her is.

Jonny, de Anbinderjung, sütt ehr loopen. He plinkt sienen Macker to, as wull he seggen: »Du, kiek mal dor – is dat nicks?« Denn springt de Deern an Bord, Jonny un sien Macker halt den Loopstegg in, de Jung smitt dat Tau los, un de Damper leggt af.

Sünd allerhand Lüd' an Bord, dat is ja ook 'n schönen Dag för so 'n lütte Reis de Elv hendal. Up de hölten Bänk an de Reling is allens besett. Wat de junge Deern ook kickt: is narms mehr 'n Platz frie. Dat argert ehr, denn an de Reling mag se to gern sitten. Nu kunn se sick ja eenen vun de bunten Klappstöhl halen, man dat is nich nah ehren Smack, so merren up 't Deck oder bie den Schosteen to sitten. Nee, vundag' will se mal düchtig Wind üm de Näs hebben, will wat sehn un in 't Water kieken. Do hett de Jungkerl dat al beter drapen, de dor vör an de Reling, de hett wohrhaftig den besten Platz afkregen. De Deern kickt je wull 'n beten scharp nah em röber, denn mit 'nmal grient de Jung ehr batz in ' Gesicht.

»De?!« denkt de Deern. »Pah, wat will de denn vun mi?«

Do steiht de Jung ook al up un stüert up ehr to.

»Wüllt Se sick nich 'n beten setten?« fragt he. »Ick mak gern Platz!«

»Danke!« seggt de Deern snippsch un geiht sitten. Se denkt: »Wenn de so dösig is . . .«

Nu mutt he je stahn, un dat mag se ook eegentlich nich. Se seggt aber nicks, se will keenen Snack mit frömde Lüd' anfangen.

Erst as de Damper in Alt'no anleggt, do meent se: »Halt Se sick doch 'n Klappstohl, denn könt Se doch ook sitten!«

»'N Klappstohl? Nee!« seggt he. »Dat is nicks för mi. Ick stah hier ganz got!«

Erst as de Damper in Dübelsbrügg fastmakt, do seggt he: »Ick glöv, wenn Se hier all 'n beten tohooprückt, denn kunn ick dor noch mit mang!«

De Lüd' rechts un links, de kiekt ja erst, man he klemmt sick dor al driest mit twüschen.

De junge Deern is dat gor nich nah de Mütz, wat ehr de anner nu so dicht up 'n Placken sitt. Man wat schall se maken? Se kann doch nich wedder upstahn un seggen: »Veelen Dank – man för twee is hier keen Platz!«

So blifft se denn sitten, un de Jungkerl ook. De beiden hukt nu tosamen as de Duben, un he vertellt ehr 'n ganzen Barg vun de upkamen Scheep, vun Lotsen un Flaggen un all so wat. Af un an seggt se ook mal wat – man nich toveel, nee, ja nich. De Mannslüd' sett sick ja ümmer glieks Grappen in 'n Kopp.

In Blank'nes stiggt de Deern ut, un de Jung seggt: »Dat paßt sick ja got! Hier will ick ook an Land!«

Un nah 'n halbe Stünn' sitt de beiden bie Kaffee un Koken ünner 'n Appelboom.

Dor in den Gord'n is ja nu Platz 'nog, man se hukt liekers bie'nanner as de Duben. De Jungkerl vertellt nich mehr vun Schep un Flaggen un Bulloogen, nee, nu snackt he al vun sien Süster. Ja, wat sien Süster is, de hett verleden Wek Hochtiet makt, un nu hett se 'n schöne lütte Wahnung, twee Stuben sünd dat ja man, aber allens pük. Un he sülben hett ook so 'n schöne lütte Wohnung an de Hand, blots 'n Fru, de hett he noch nich, de söcht he noch. Man de schall sick wull find'n! Vundag' sünd de Deerns ja ganz vernünftig, dat brukt ja nich ümmer glieks 'n grote Villa to wesen! Mit wat för wenig Platz so 'n Deern al tofreeden is, dat kannst ja al up jeden grönen Damper beleben, dat hebbt wi ja sehn ...

Un de Jung bestellt noch 'n Stück Torte för ehr, un nich to wenig Slacker up, bitte!

»Se gaht dor je bannig driest up dal!« meent de Deern. »Se wüllt wull vundag' al 'n Fru mit nah Hus bringen, wat?«

»O nee, so is 't ook wedder nich!« lacht he. »Man eenmal mutt 'n ja den Anfang maken! Blots – dat segg ick glieks: lang rümtrecken, so mit den Ring up de linke Hand – nee, dat do ick nich! Fix oder nicks, segg ick!«

»Na, denn veel Glück!« lacht de Deern un gnappert an den Koken.

»Ja, Glück kann 'n ja ümmer bruken!« seggt he un kloppt dreemal an 't Holt. »Un wenn Se dat recht is, ick meen: wi kunnen uns ja mal weddersehn?«

»Dat weet ick noch nich!« schüttkoppt de Deern. »Dat geiht mi öberhaupt allens veel to gau . . .«

»Brukt ja ook nich up 'n Stutz to wesen! Wenn wi mal in 't Theater gaht – dor is doch nicks bie?«

»Ick kenn Se doch noch gor nich! Ick weet ja nich mal, wo Se heet!«

»Oha – ja, dat heff ick wohrhaftig ganz vergeten. Meyer heet ick. Peter Meyer.«

»Komisch!« grient de Deern. »Meyer? So heet all de Windbütels, de nah de erst Veertelstünn' al vun de Hochtiet snackt!«

»Ick heet aber würklich so! Hier – ick kann Se dat bewiesen . . .«

»Nee, de Papieren will ick gor nich sehn!«

»De Jung treckt 'n Mul. Man denn fragt he: »Dröf ick denn Se Ehren Namen weten?«

»Klor!« smustergrient de Deern. »Wenn Se Meyer heet, denn heet ick ook Meyer!«

De Jung seggt fünsch: »Se wüllt mi wull verkohlen, wat?«

»Woso? Meyer is doch 'n schönen Namen!«

De Jungkerl grabbelt an sienen Kragen rüm, em is mit 'nmal de Luft to knapp. Is ook miteens gor nich mehr so schön, dor in den Kaffeegord'n vun Blank'nes. He snackt blots noch vun dat Wetter un vun 'n Fotball. Denn dammelt se noch teihn Minuten dör de olen Blank'neser Straten un gaht nah den Bullen dal. Nich lang, un se sitt wedder up den grönen Damper un föhrt nah Hamborg to.

Dütmal is dor Platz 'nog, se brukt nich mehr so dicht bie'nanner to huken. Se wüllt dat ook wull gor nich, denn de een denkt vun den annern: »De makt sick ja doch blots öber di lustig!«

Mit 'nmal stappt dor so 'n olen Vatting öber Deck. De sütt de Deern un röppt glieks: »Na, Frollein Meyer – ook mal an de Luft?«

»Ja!« nickkoppt de Deern, »deit got, so 'n beten frischen Seewind!« Un to den jungen Mann seggt se: »Hebt Se dat nu hört? ›Frollein Meyer‹ hett he seggt! De mutt dat ja wull weten, dat is uns' Vize!«

»Nee aber ook!« bullert de Ol vergnögt, »dor is ja ook de junge Herr Meyer vun Stolten & Schöning, de mi ümmer de hoge Reken för de Kohlen schickt! Ick segg ja – up de Elv sütt 'n sick wedder! Se wüllt nu woll bald sülben en Firma gründ'n, wat? Viellicht Meyer & Meyer, hä?« De Ol plinkögt de beiden to: »Na, Kinnings, denn man to! Ick segg nicks nah!«

Do stappt he ook al wieder. He will nah de Kajüt, vunwegen sien dröge Lebber.

Un de Jung un de Deern?

Tjä – bie Dübelsbrügg hukt se al wedder as de Duben bie'nanner, un as de Damper in Alt'no fastmakt, do snackt he to 'n teihnten Mal vun sien Süster: wat de för 'n schöne lütte Wahnung hett, un in Hamborg bie de Landungsbrügg verklort he ehr to 'n hunnertsten Mal, wat he ook so 'n schöne lütte Wahnung an de Hand hett.

As de beiden öber den Loopstegg an Land gaht, kickt Jonny, de Anbinderjung, jüm nah.

»Du, kiek mal de dor!« seggt he to sienen Macker. »Is dat nicks? Wenn dat mit de beiden nicks ward, denn fret ick 'n Bessen!«

Jonny mutt dat ja weten, denn wat so 'n plietschen Anbinderjung vun 'n grönen Damper is, de kriggt veel to sehn, de kennt sien Lüd' un weet in de Welt Bescheed.

FRITZ WISCHER

Klas Butenschön vör Gerich

Klas Butenschön weer 'n Buer in Lüttenborsbek bi Kiel. He harr rech 'n beten up de hoge Kant sett in de Jahrn, de he Bur spelt harr. Nu wull he noch 'n beten von 't Leben hebbn un harr sik to Roh sett.

He harr nu den gansen Dag 'n Barg Tied, un wenn he ni to Hus seet un smök, denn güng he to Fell oder to Dörp un keek hier mal in un dar mal in. Darbi harr he nu mal tokieken mußt, wa twee Lüd sik dat Jack vullhaut harrn, un darüm schull he nu na Boßholm vör 't Amtsgerich as Tüg.

»Wie heißen Sie?« frog em de Herr Amtsrichter.

»Wat, Herr Amtsrichter, kenn'n Se mi denn ni? Ik kenn Se doch lang.«

»Daß ich nicht wüßte«, säd de Amtsrichter, »ich habe bisher noch nicht die Ehre und das Vergnügen gehabt, Ihre Bekanntschaft zu machen.«

»Ja, ik bün je Klas Butenschön.«

»Wo wohnen Sie?«

»Ik wahn in Lüttenborsbek.«

»Ihr Alter?«

»Ja, min Ol, de hett dar ok wahnt; awer de is nu al lang dot, Herr Amtsrichter!«

»Schwatzen Sie keinen Unsinn! Ich meine Ihr Lebensalter, wie alt Sie sind.«

»Ach So, Se meenen, wa old as ik sülm bün. Ja, töb'n Se mal en Ogenblick, Herr Amtsrichter. Dat heff ik gar ni mal so up 'n Stutz up 't Rieg. Awer ik kann mi dat lich utreken, Herr Amtsrichter. Sehn S', min Swester, de 's 1846 konfermeert, dar weer se 15 Jahr old; un 49 wör dat eers Kind born. Ja, een von de holsteinischen Dragoners weer je de Vadder un he hett er denn ok nahßen je noch heirat. – Un dat Kind is körtens 36 Jahr wen, un min Söhn is een Jahr jünger, also 35, Herr Amtsrichter. Un ik bün in de letzten Jahrn eegentli ümmer doppelt so old wen as min Söhn, un denn warr ik also wul so wat 70 Jahr old sin, Herr Amtsrichter.«

»Sind Sie verheiratet?«

»Versteiht sik, Herr Amtsrichter, ik heff ja acht Kinner. Wo schall ik dar süns wul bikamen sin?«

»Womit sind Sie verheiratet?«

»Ja, wo schull ik wul mit verheirat sin, Herr Amtsrichter. Mit 'n Fronsminsch natürli.«

»Aber quatschen Sie hier nicht so viel dummes Zeug, das ist doch selbstverständlich.«

»Seggn Se dat ni, Herr Amtsrichter. Dat is lang ni sölbstverständli. Ik heff to'n Bispill 'n Swester, de is – je – de is mit 'n Mannsminsch verheirat.«

»Also, kurz, wie heißt Ihre Frau?«

»Anngreten.«

»Geborene?«

»Versteiht sik, Herr Amtsrichter.«

»Donnerwetter, ich meine, was für eine geborene Ihre Frau ist, welchen Namen sie als junges Mädchen führte.«

»Ach so! Ja, dar heet se Anngreten Brammer. Dat is awer al heel lang her, Herr Amtsrichter. Ünner den Namen kennt er hier in de Ümgegend keen Minsch mehr.«

»Das tut nichts zur Sache! Welche Konfession haben Sie?«

»Je, Herr Amtsrichter, mit min Konfeschon is dat so 'n eegen Sak. Sehn Se, ik bün je eegentli von Konfeschon Bur; awer ik heff mi dat nu je to'n Harß entseggt un bün nu up 't Olendeel gahn. Awer wat min

Söhn is, de Krischan (Se kennt em seker, Herr Amtsrichter), de hett je nu den schönen Hof oewernahmen; un he hett sik körtens . . .«

»Das gehört ja alles nicht hierher. Was kümmern mich denn all Ihre Privatangelegenheiten. Sie haben hier nur auf das zu antworten, was Sie gefragt werden.«

»Se hebbt mi dar doch na fragt, Herr Amtsrichter.«

»Schweigen Sie! Sie verwechseln überhaupt Konfession mit Profession. Ich meine, was Sie *glauben*?«

»Herr Amtsrichter, ik glöv, de Sak, de ward wul gahn. Denn sehn Se, wat min Krischan is, de hett je nu de Sted öwernahmen, un he hett sik noch körtens verheirat mit Trina Reimers ehr öllste Dochter. Jaa, se hett je so'n lütt beten wat von Hüker up 'n Rüch, un se pett 'n beten kort mit dat eene Been, awer se hett düchdig wat in 'e Melk to krömen, Herr Amtsrichter. De Sak, de ward wul gahn, dat glöw ik.«

»Aber, Herr Butenschön, wir verstehen uns nicht. Ich meine doch, zu welcher Kirche gehören Sie?«

»Ach so, Herr Amtsrichter, ja, dat harrn Se ok man gliek seggn kunnt. Ik hör je na Grotenflintbek to.«

»Herrgott, ich begreife nicht – –«

»Gans seker, Herr Amtsrichter, ik bün verleden Sünndag noch dar wen, un wenn Se dat ni glöben wüllt, denn künnt Se man den oln Timmermann fragen, de ümmer so vel utspiegen deiht; de hett neben mi seten, un ik heff noch tellt, wavel Mal as he dat bi de Predigt farrig bröcht hett: söb'nunveertig mal weern 't, Herr Amtsrichter.«

»Schweigen Sie!« säd de Amtsrichter, de nu gar ni mehr wüß, wat he upstellen schull. He keek sin Sekretär an, awer de trock ok blots mit de Schullern un mak 'n Gesich as 'n Oß, de to'n eerßen Mal in sin Leben 'n Kalv süht.

Up 'nmal awer full den Amtsrichter wedder wat in. He stütt de beiden Hann up 'n Disch, bög sik mit 'n Kopp wied voraewer un bölk Klas Butenschön än: »Glauben Sie denn an Gott?!!«

Klas Butenschön schot meiß in 'n Dutt un fahr 'n paar Schred torüch.

»Pfui, Herr Amtsrichter, wo künnt Se 'n oln Mann wul so verfehrn! *Wiß* glöv ik an Gott; al von min Scholtied an. Se holn mi am Enn doch ni gar för 'n Dezimalakrobaten?«

Nu wüß de Amtsrichter werrer ni, wat he maken schull. He löp achter'n Disch hen un her. Awer denn bleev he mit eens stahn un keek Klas Butenschön an, un dat seeg ut, as wenn em wedder wat infulln weer.

»Sagen Sie mal, Herr Butenschön, kennen Sie Doktor Martin Luther?«

»Nä, Herr Amtsrichter, nä, den kenn ik ni. – Awer dat is je moeglich, Herr Amtsrichter, dat he *mi* kennt. Mi kennt nämli *vel* Lüd, Herr Amtsrichter, un ik heff mi vörhin al wunnert, dat *Se* mi gar ni kennen den.«

»Haben Sie denn nie von Doktor Martin Luther gehört?»

»Nä, Herr Amtsrichter, wenn wi krank sünd (un min Dochter hett vör 'n veer Wekens Tied noch eers 'n Bandworm hatt), denn gaht wi ümmer na Dokter Struv in Kiel.«

WILHELM-FRIEDRICH WROOST

Plünn un Knooken

oder de Geschicht von den Lustspeeldichter

Martin Meier, de Kronfeuhrer an Schuppen elben, harr in sien Blatt mol wat von dat grote Priesutschrieben for een plattdütsches Lustspeel leest. Dreedusend Mark weur de erste Pries.

»Dor mok ick mit«, sä Martin, »dat is for mi een Klacks mit de Wichsbost.«

He harr in sien ganzes Leben noch keen Theoterstück schreben, keen lustiges un keen truriges, von em weur öberhaupt noch nicks druckt word'n, ober dicht harr he dorum doch al. Tweemol sogor. Eenmol, as sien Swester Aurora mit den Käshöker Klaus Steenfett Hochtied meuk, dor harr Martin een feines Gedicht mokt, plattdütsch, mit foftein Verse, un so veel ton Lachen weur dorbinn'n west, dat de Hochtiedsgäste krieschten un quiekten un Liefweh kreegen. Un dat anner mol weur dat bi dat Stiftungsfest von den Sportklub »Mardlbüdel« west, wofor Martin den Prolog dicht harr, den een richtigen

Rezitoter opseggen mußt un son groten Biefall dorfor kreeg, dat he den Dichter Martin Meier op de Bühn ropptrock, dormit de ok wat von dat veele Klatschen un Bravoropen afkreeg.

So veel weur gewiß, Martin Meier harr in son Soken wat los, weur een Scheni von wegen dichten un kunn noch mehr, as bloß dor an de Kaiserkai in sien Kron to stohn un ut 'n Finster to kieken, von wegen dat »Hiev op!« un »Fier dol!«, wenn de Schuerlüd em towinken dän. Un son Humor, as he in Lief harr, dor kunn'n noch tein anner Lüd wat von afkriegen. Man kunn sik towieln öber sien Snackkrom krumm un scheef lachen. Worum also sull he dat Priesutschrieben nich mitmoken? Junge, dat weur noch wat, wenn he mit son Stück to Gang'n keum; wenn he een Lustspeel schreew, wat noher in son richtiges Theoter opfeuhrt worr. Denn kreeg ganz Hamborg dat to weeten, dat in em, den Kronfeuhrer von de Kaiserkai bi Schuppen elben, een Dichter steeken dä, de to wat Heugeres geborn weur. Un denn ers von wegen de dreedusend Mark, de dat dorfor geewen sull, so veel Geld op eenmol harr Martin noch nie in de Finger hatt.

»Also ran an Speck«, sä he to sick sülm un grübel sick 'ne Idee ut. Dat dä he, wo he gung un stunn, morgens op'n Weg no de Arbeit hen un obends, wenn he to Hus in de Stuw op 'm Sofa seet un sien Piep smeuken dä. Wo dat op ankeum, dat wuß Martin Meier ganz genau. He harr al poormol Lustspeels in de Theoters sehn un kenn den Rummel. Mol weur dat een Stück west von en Shäkespiere, oder so ähnlich harr de Dichter heeten, weur en Ingelschmann west, nu ober al lang dot, un dat Stück harr sick »Komödie der Irrungen« nennt. Dat weur ganz no Martin sien Gesmack west, un so wat Ähnliches wull he sick nu ok mol utklamüstern, bloß, dat dat allns plattdütsch ward'n sull.

Un in Handumdreihn harr he de Idee! In sien Stück sull de Vadder von een Söhn den sien Brut heiroten, un ut Rache heirot dor de Söhn gau de Mudder von sien freuhere Brut, un so keum dat denn, dat düsse Brut de Steefdochter von ehrn verlot'nen Brögam worr, ober ok toogliek sien Steefmudder. De Vadder, de jo de ganze Schuld harr, weil he sien Söhn de Deern afspenstig mokt harr, weur bi düsse Gelegenheit de Swiegersöhn von sien eegen Söhn word'n; un de Mudder von de Deern worr Swiegermudder un Swiegerdochder in een Person. Un as no son dreeveddel Johr in de beiden Familien togliek een lüttes Gör ankeum, do weur de Vadder von den Söhn jo Großvadder word'n un harr dorbi noch en lütten Swoger tokreegen, un de Söhn, de jo de Mudder von sien freuhere Brut heirot harr, weur Großpapa von sien eegen Broder word'n. Ober de Kuddlmuddl worr ümmer greuter, un ton Sluß von dat Stück keum dat sogor so wiet, dat de Vadder sien eegen Großvadder worr. Dat harr Martin Meier sick ganz genau utreekent. So sull dat komen.

Fiefuntwintig Personen sulln in dit Lustspeel mitspeeln, un fief Akte sull dat hebben, un jeder Akt harr noch 'ne Verwandlung. Dat Stück sull mol in de Wohnstuw, mol in de Slopkomer speeln, mol in en Keller un denn mol op 'm Böhn, ok in 'ne Gastweertschaft un in een Greunhökerloden, eenmol sogor in den Botonschen Goarn. Jo, ganz wat Grotes wull Martin Meier schrieben, jedereen sull seggen, dat he den ersten Pries ehrlich verdeent harr. Un dat he em kreeg, dor reekent Martin fast op, so as dat de Mondag ümmer achter den Sünndag komen mutt un nich umgekehrt.

Bloß mit de Tied ton Schrieben weur dat man knapp, ober Martin wuß sick to helpen. He meld sick krank un vertell sien Kassendoktor so veel von sien Apptitlosigkeit un dat he nachts nie slopen kunn, un dorto dä em dat hier weh un dor weh; un de Dokter ünnersocht em von vörn bet achter, befeuhl em un beklopp em un leet sick de Tung wiesen, ober kunn doch nich recht wat finn'n.

Dor keum Martin Meier op den goden Infall un vertell den Dokter, dat he towieln Swindelanfälle kreeg.

»Und das, Herr Dokter, kann swöre Folgen nach sich ziehn«, sä Martin, »denn bei mein verantwortungsvollen Posten as Kranfeuhrer kann leicht mal ein großes Malleur passiern, mit Todesfälle un so.«

Ob he denn in Krieg een Koppschuß kreegen harr, freug de Dokter em.

»Nee, bloß mal 'nen Hexenschuß«, sä Martin.

Dor meent de Kassendokter, dat he sik woll een beten överanstrengt harr bi sien Arbeit, weur woll een beten nervös, un schreew em dorum krank.

Ober Utgohtied kreeg Martin nich, dor harr he ok gor nich op luert. He wull jo nich spazierngohn, wull jo sien Lustspeel dichten.

As he dorbi to Gang'n weur, freug sien Froo em af un an mol, worum he denn egentlich all dat scheune witte Papier vullsmeern dä.

»Froo, steur mi doch nich«, sä Martin, »kannst denn nich sehn, dat ik dichten do?«

»Och, son Bleudsinn«, reup se dor, »sust man leeber mol mien holten Waschbalje dichten, de leckt bannig.«

»Froo«, meen Martin dor to ehr, »wenn ick dit hier ers ferrig heff un dorfor den ersten Pries heff kreegen, wat ick hüt al mit Sicherheit behaupten much, denn bringt se mi dreedusend Mark int Hus. Un denn kannst du di mienwegen gliek en halbes Dutzend Waschbaljen käupen.«

»Och, och, och, nu tühn doch nich«, schimp sien Froo, »wer di woll for son Smeerkrom dreedusend Mark geben will? Du litts jo an Dichterithis, wat anners fehlt di doch nich. Worum du di woll eegentlich krank meld hest, dat much ick woll mol weeten.«

Dor worr Martin ober gnadderig. »Mok, dat du hier ut de Stuv rutkummst«, blaff he ehr an, »du steurst mi in mien dichterische Inspirotschon.«

Sien Froo weur bannig fühnsch op em, dat he den ganzen Dag to Hus rumseet un bloß fulkrank weur. Un wenn Martin sick dat mol lud vorlesen dä, wat he al schreben harr, denn kunn se dat in de Kök heurn un dacht sick: »Nu snappt de Kerl jo woll noch ganz öber.« Un se leet em dat ok bi jede Gelegenheit dütlich feuhln, dat se em nich mehr for ganz richtig holln dä. Martin meuk sick dor ober nich veel ut, he dacht an den Bibelspruch, de in dat nee' Testament steiht, von wegen: »Ein Prophet gilt nichts in seinem Vaterlande, denn in seinem eigenen Hause.« Un Martin dacht sick, wenn ers de dreedusend Mark op'm Disch legen, denn wörr sien Froo ok anners von em denken.

In fief Dog harr Martin sien Lustspeel ferrig. Un dor schreew he dat ok noch mol fein sauber af, dormit man dat ok lesen kunn. Ober dor full em dat in, dat son Manuskript, as sick dat nenn'n dä, in Schriewmaschinenschrift inschickt ward'n muß. Ton Glück harr Martin jo 'ne lütte Kusine, de seet in son Kontor an de Schriewmaschien, un as se op'm Sünndag mol to Beseuk keum, dor freug he ehr, ob se em nich mol den Gefalln don wull, dat Stück aftoschrieben. Dat weur wieder nich slimm, meen se, dat kreeg se bald ferrig, denn se harr op'm Stutz nich veel to don in Geschäft, weil de Ol verreist weur, un solang lest se jo doch bloß Romons oder meuk Handarbeit. Also leet sick dat fein moken. Nich mol Papier brukt Martin ehr to keupen, dat gung allns op Geschäftsunkosten.

In dree Dog weur se ok dor al mit klor un brocht Martin de Afschrift int Hus. Ehr harr dat bannigen Spoß mokt, sä se, dat weur en to lustiges Stück, se harr sick dor binoh een Knust öber lacht.

As Martin Meier dat Stück inschickt harr, seet he mol op en Nomiddag son beten in sien Vorstuw op'm Sofa un smeuk sien Piep. Sien Froo weur mit de Görn no Ohlsdorf rutfohrt, Großmudder läg dor jo un harr hüt Geburtsdag un sull een lütten Kranz hebben. Martin smeukt un lest, un as sien Piep utbrennt weur, fulln em de Ogen to, un bald sleup he in.

Mit'n mol dräumt he, sien Stück harr waraftig den ersten Pries kreegen, un nu weur de Obend dor, an den de Opfeuhrung sien sull.

Dat Theoter weur utverkofft, bet op den letzten Platz. Welk Lüd harrn sogor an de Kass' wedder umkehrn mußt, denn nich mol op de Galerie kunn eener ropp, de weur al so dicht vull Minschen proppt, dat dat meist lebensgefährlich weur; dat seh bald so ut, as wenn de ganze Prüntjeböhn jeden Ogenblick von dor boben doolbreeken wull.

Martin Meier seet in de Direktschonsloosch, ganz dicht bi de Bühn, in een feinen weeken Plüschsessel. Sien Froo harr he nich mitnohmen, dat sull ehr Stroof sien, weil se em ümmer so veel forn Buern holln har. Ober se weur doch dor, boben op de Gallerie stunn se mit ehr Nobersch un muß sick nu dräng'n un kniepen loten. Dat schod ehr gor nicks, dacht Martin sick.

All de veeln Lüd keeken ümmer no em hen, se wußten dat, dat he de priesgekreunte Dichter weur, denn he harr sik en Frack miet un säh grod so ut as een Kellner in de Flora. Man kunn jo nich weeten, viellicht reup dat Publikum noher no den Autor, un wenn he denn op de Bühn keum un sick verbeugen dä – dat harr Martin in de letzten Dog al poormool euwt –, denn heurt doch dor een richtigen Frack to. Jo, denn wörr sien Froo dor boben op de Gallerie ober Ogen moken, wenn se dat to sehn kreeg, wie man em beklatschen dä, un em viellicht sogor Bloomen tosmeet, denn wörr se in Tokunft ok woll en beten anners to em sien un em beder behanneln, un wenn nich, djä, denn leet he sick eenfach von ehr scheeden. Dat weur bi de groten Künstlers jo so gang un gebig. Mit een Froo keumen de dat Leben nich langs, öberhaupt denn nich, wenn se ümmer berühmter word'n, denn fulln jem de Froonslüd man so um den Hals, denn kunn'n se sick de scheunste un riekste Froo utseuken, un de Utsicht harr Martin Meier nu jo ok. Denn nu brukt he keen Kronfeuhrer mehr to sien, nu worr he een Künstler un brukt sick sien Hoor nich mehr snieden to loten.

Kliiiiiiing! Dat erste Klockenteeken. De Lüd setten sik op jemmer Plätz dol, keeken noch mol in de Programms, wo Meier sien Nom opdruckt weur, un dreihten ok an jemmer Opernkieker.

Kliiiiiing! Wedder een Klockenteeken! Ton tweeten Mol. Nu worr dat düster. De Rampenlichter flammten op un smeeten ehrn hellen Schien op dat ünnerste End von den Vorhang.

Wedder bimmelt dat. Dat dritte Mol! Nu sull de Vorhang in de Heucht rulln, ober dat dä he man nich. Dat bimmelt ton vieerten un foften Mol, un dat Publikum wuß nich, wat dat to bedüden harr, worr al ungeduldig, un welk Lüd steeken de Köpp tohoop un flüstern sick wat in de Ohrn.

Den Dichter Martin Meier weur dat bannig pienlich. De ganze Stimmung kunn jo int Woter falln! Wat weur denn dor bloß los op de Bühn? Worum fung dat Stück denn nich an? He wull mol gau rut ut sien Direktschonsloosch un wull doch mol sehn, wat dat eegentlich op sick harr.

Bi'n Opstohn stott he sick ober den Ellbogen, un dor – – – djä, un dor wokt he op un seet in sien Stuw op 'n Sofa.

»Nanu, heff ick dat denn bloß allns man dräumt?« freug Martin sick, schüer sick de Ogen klor un keek sick um. »Ober mi is doch so, as wenn ick de Klock so dütlich bimmeln heurt heff.«

»Kliiiiiiing!« bimmelt dat wedder.

»Och so, dor is eener buten an mien Dör«, sä Martin, »na, de kann mienwegen bimmeln un teuben, bet he swatt ward.«

Ober denn dacht he sick, viellicht weur dat de Breefdräger mit een inschreeben Breef, von wegen dat sien Stück doch den ersten Pries kreegen harr. Man kunn nich weeten. Un Martin gung rut no de Dör hen un sleut se op. Un dor stunn 'ne ole Froo vor em, harr en Sack in de Hand un freug: »Plünn un Knooken?«

»Nee, du ole Hex«, reup Martin, fühnsch as son Bull, weil dat jo nich de Breefdräger weur, un ballert de Dör to, dat de Schieben klötern dän.

As he sick wedder opt Sofa smeet, dor meen he: »Dat mit dat ole Wief, dat is en slechtes Omega.« Omen meen he, ober he vertüter sick towieln mank de Fremdwörder.

Un so keum dat ok. Dat Priesrichterkollegium schickt em no een poor Dog dat Manuskript wedder trüch un schreew em, sien Stück weur to kompliziert un leet sick leider nich opfeuhrn, denn de Speelers kunn'n dor licht bi pütscherig ward'n un den Verstand verleern.

»Denn nich«, brumm Martin un steek sien scheunes Lustspeel botz int Füer.

An densülben Dag freug sien Froo em bi't Middageeten: »Na, wie is dat denn? Krichst du eegentlich bald de dreedusend Mark oder nich?«

»Nee«, meen Martin halflud, »ditmol ward een annereen se woll kriegen.«

Dor keum sien Froo ober in de Baß, smeet den Lepel op den Teller, dat ehr de Arwtensupp an de Nees sprütten dä, un peubelt los as son Fischwief.

»Kiek mol an, du ole Swindelmeier, du Lögenpeter, du Windbütel, du! Prohlst ers rum mit dien dreedusend Mark, un noher is allns nich wohr! Un ick heff mi bi de Sniedersch een nee's swattes Atlaskleed bestellt for de Opfeuhrung, o nee, wat een Kerl!«

»Bill di man jo nich in, dat du mitkomen weurst, wenn se mien Stück opfeuhrt harrn«, sä Martin dor to ehr, »mit di harr ick mi jo doch nich in Theoter blicken loten kunnt!«

»So, dat is jo scheun, dat du mi dat seggst«, reup sien Froo, »denn weur ick di also nich mehr god genog, du Knappen, du! Ober dat segg ick di, kiek bloß to, dat de Dokter di wedder gesund schrieben deit. Hier bi mi to Hus hest nicks mehr to lachen, dat kann ick di flüstern, du Maiop, du, du Dichter, du!«

Un von de Stünn op an mult se mit em un spreuk keen fründlich Word mehr, dat de arme Martin sick fast vorneuhm, nie wedder een Lustspeel to schrieben, leber wedder in sien Kron to stohn, ut 'n Finster to kieken un optopassen, wenn em towinkt ward, von wegen: »Hiev op!« un »Fier dol!«

Min Modersprak

Die Autoren dieses Buches mit ihren Beiträgen und Lebensdaten:

ANDERSEN, JEP NISSEN: geb. 28. 9. 1896 in Wenkendorf/Fehmarn – gest. 1. 4. 1975 in Itzehoe/Holstein
»Telefoneern, – oha!« und »Dat Trecker-Examen«, beides aus »Ut den olen Soot«. Verlag Georg Christiansen, Itzehoe

BALHORN, JAKOB: geb. 21. 6. 1904 in Hamburg – lebt in Hamburg
»Een Schipp ward döfft un mookt sien Probefohrt« (bislang unveröffentlicht)

BOSSDORF, HERMANN: geb. 29. 10. 1877 in Wiesenburg/Fläming – gest. 24. 9. 1921 in Hamburg
»Bismarck up den Bummel« aus »Das Hermann Bossdorf-Buch«, R. Hermes Verlag, Hamburg

EIFFE, PETER ERNST: geb. 28. 8. 1889 in Hamburg – gest. 1. 6. 1965 in Hamburg
»Instruktionsstunde aus alter Zeit« aus »Splissen un Knoten«, Verlag Hansen und Hansen, Münsterdorf

FISCHER, FRITZ: Daten leider nicht feststellbar.
»Suur Supp« aus dem Vertellen-Band »Suur Supp«, Verlag M. Glogau, Hamburg

FOCK, GORCH (JOHANN KINAU: geb. 22. 8. 1880 in Finkenwerder – gest. 31. 5. 1916 bei der Seeschlacht im Skagerrak
»Den Seilmaker sin Piep« und »Fischmarktleuwen« aus »Hamborger Janmooten«, Verlag M. Glogau, Hamburg

FRAHM, LUDWIG: geb. 25. 7. 1856 in Timmerhorn – gest. 1. 6. 1936 in Poppenbüttel
»Min o'l Gesangbok« aus »Lustig Volk«, Herausgeber W. Müller-Rüdersdorf, R. Hermes Verlag, Hamburg

HARDER, IRMGARD: geb. 20. 8. 1922 in Hamburg – lebt in Kiel
»Damenbesök« und »To Kur« aus »Dat Glück kümmt mit'm Bummeltog«, Quickborn-Verlag, Hamburg

HARTE, GÜNTER: geb. 26. 9. 1925 in Hamburg – lebt in Reinbek
»Riet-mi-düchtig!«, »Psychologie in'n Blomenpott« und »Postgeheimnis« (bisher ungedruckte Arbeiten)

HOLM, CARL: Daten leider nicht feststellbar.
»Der Fliegenwirt« aus »Im scheeben Stebel«, Verlag M. Glogau, Hamburg

HOLM, HANS HENNING: geb. 20. 11. 1908 in Nindorf – gest. 25. 3. 1977 in Hamburg
»Dat Musenorakel«, »De düre Bruutfoart« und »Ole Kamellen« (bisher

ungedruckte Arbeiten)

KINAU, RUDOLF: geb. 22. 3. 1887 in Finkenwerder – gest. 19. 11. 1975 in Finkenwerder
»Strof'-Wach« und »Snieder Mees« aus »Min bunten Tüller«, Quickborn-Verlag, Hamburg

LAU, FRITZ: geb. 10. 8. 1872 in Möllenort – gest. 5. 7. 1966 in Glückstadt
»De ni wagt, de ni winnt«, »Dat Lexikon« aus »Lach mit« und »Fleederbeernsupp« aus »Kopp hoch!«, alle drei Verlag M. Glogau, Hamburg

LÜPKE, GERD: geb. 19. 5. 1920 in Stettin – lebt in Varel/Old.
»Bahnstieg fief«, »Hinni un de Reklame« und »Stratenmusik« (bisher ungedruckte Arbeiten)

POECK, WILHELM: geb. 29. 12. 1866 in Moisburg/Este – gest.: Datum leider nicht feststellbar.
»De Buer un de Oß« aus »Poggenkönig un Düwelsprinzessin«, Verlag M. Glogau, Hamburg

REUSS-LÖWENSTEIN, HARRY: geb. 27. 1. 1880 in Fulda – gest. 15. 4. 1966 in Hamburg
»Mattien Quast sien Lustkutter« aus »Zwischen Süllberg und Chimborasso«, Verlag M. Glogau, Hamburg

STAVENHAGEN, FRITZ: geb. 18. 9. 1876 in Hamburg – gest. 9. 5. 1906 in Hamburg-Groß Borstel
»De Köksch« aus »Grau und Golden«, Verlag M. Glogau, Hamburg

TENNE, OTTO: geb. 29. 1. 1904 in Hamburg – gest. 16. 4. 1971 in Hamburg
»Meyer & Meyer« aus »Dat Sünndagskind«, Quickborn-Verlag, Hamburg

WISCHER, FRITZ: geb. 27. 4. 1869 in Kiel – gest. 10. 3. 1949 in St. Peter
»Klas Butenschön vör Gerich« aus »Lach man mal«, Verlag Lühr und Dircks, St. Peter

WROOST, WILHELM-FRIEDRICH: geb. 13. 9. 1889 in Hamburg – gest. 14. 8. 1959 in Hamburg
»Plünn un Knooken oder de Geschicht von den Lustspeeldichter« aus »Frische Bris«, Rechte beim »Museum für Hamburgische Geschichte«.

Der Herausgeber dankt den oben genannten Verlegern herzlich für die Überlassung einiger Abdrucksrechte aus bereits früher erschienenen Büchern. – Mein besonderer Dank gilt den befreundeten Autoren für die Genehmigung zur Veröffentlichung bisher ungedruckter Manuskripte.

J. B.

Inhalt